AF478599

Villa Argentina

Arunà Canevascini

LA FABRICA

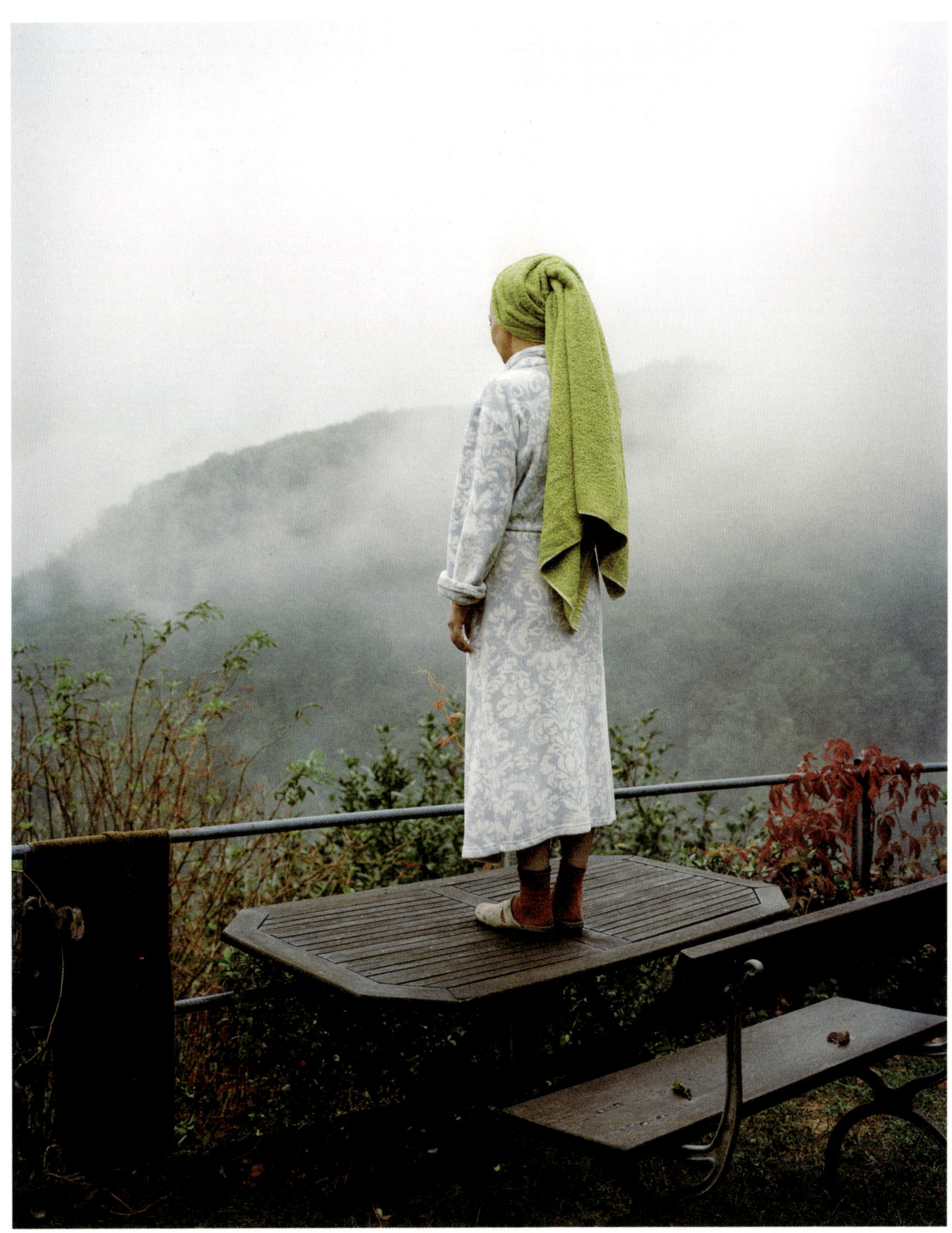

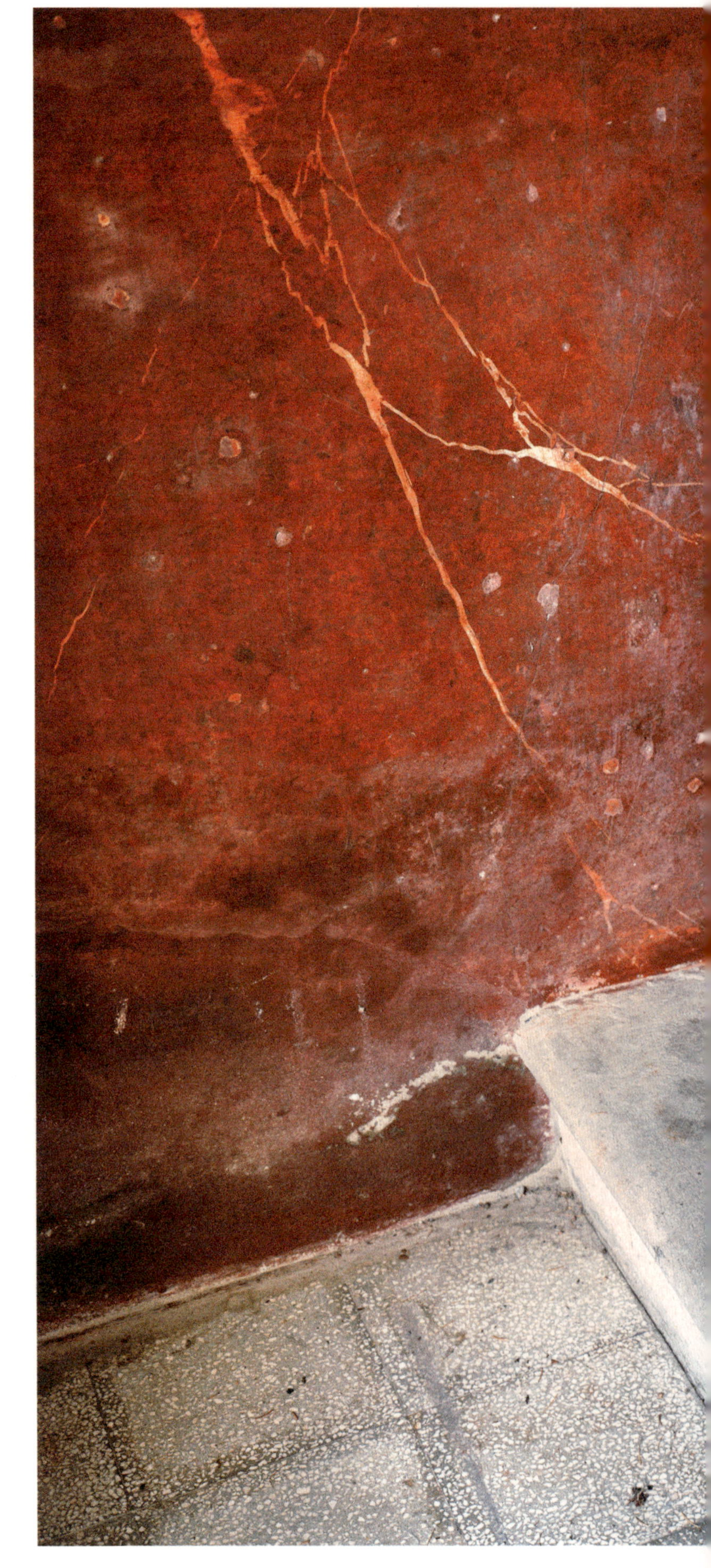

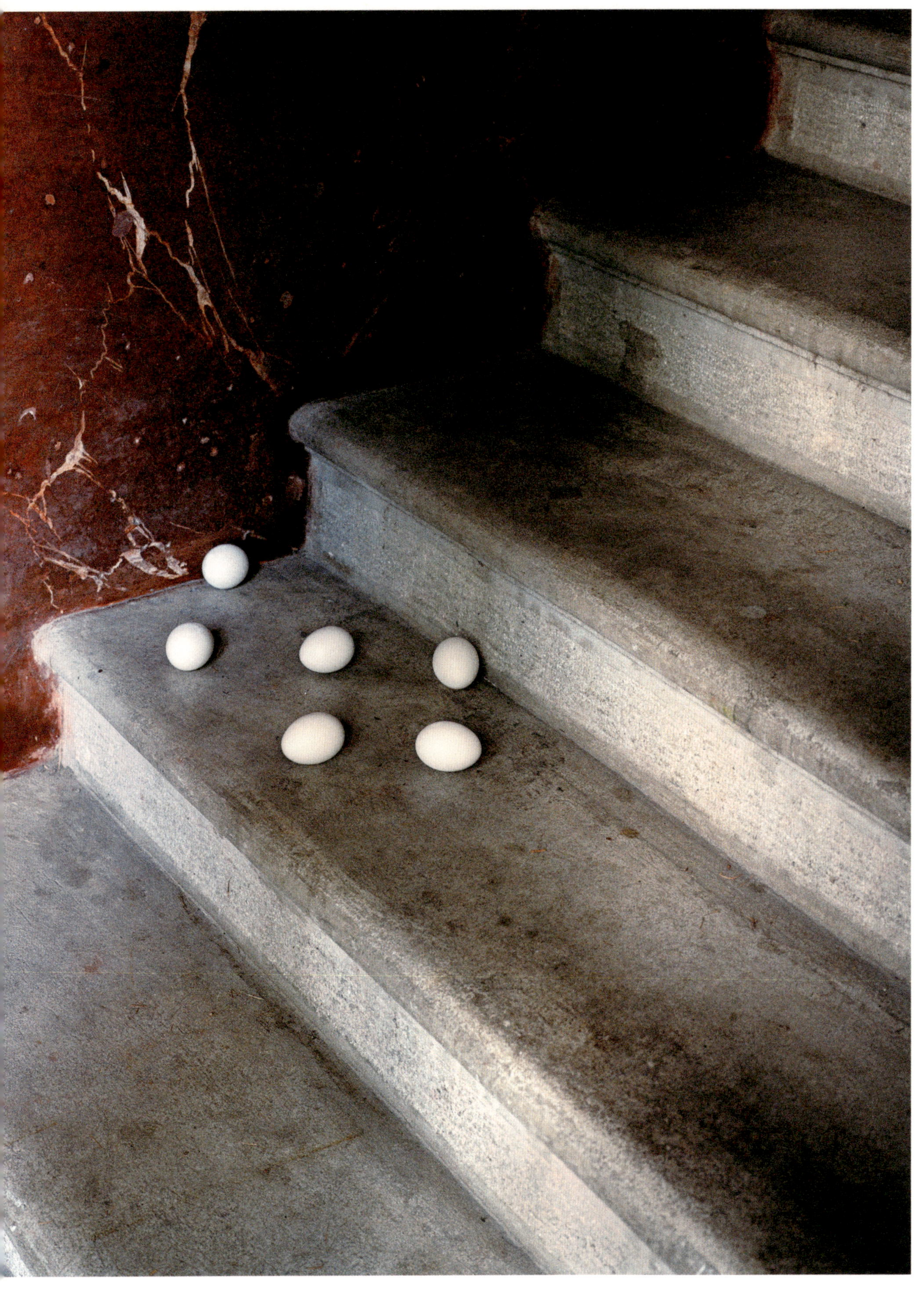

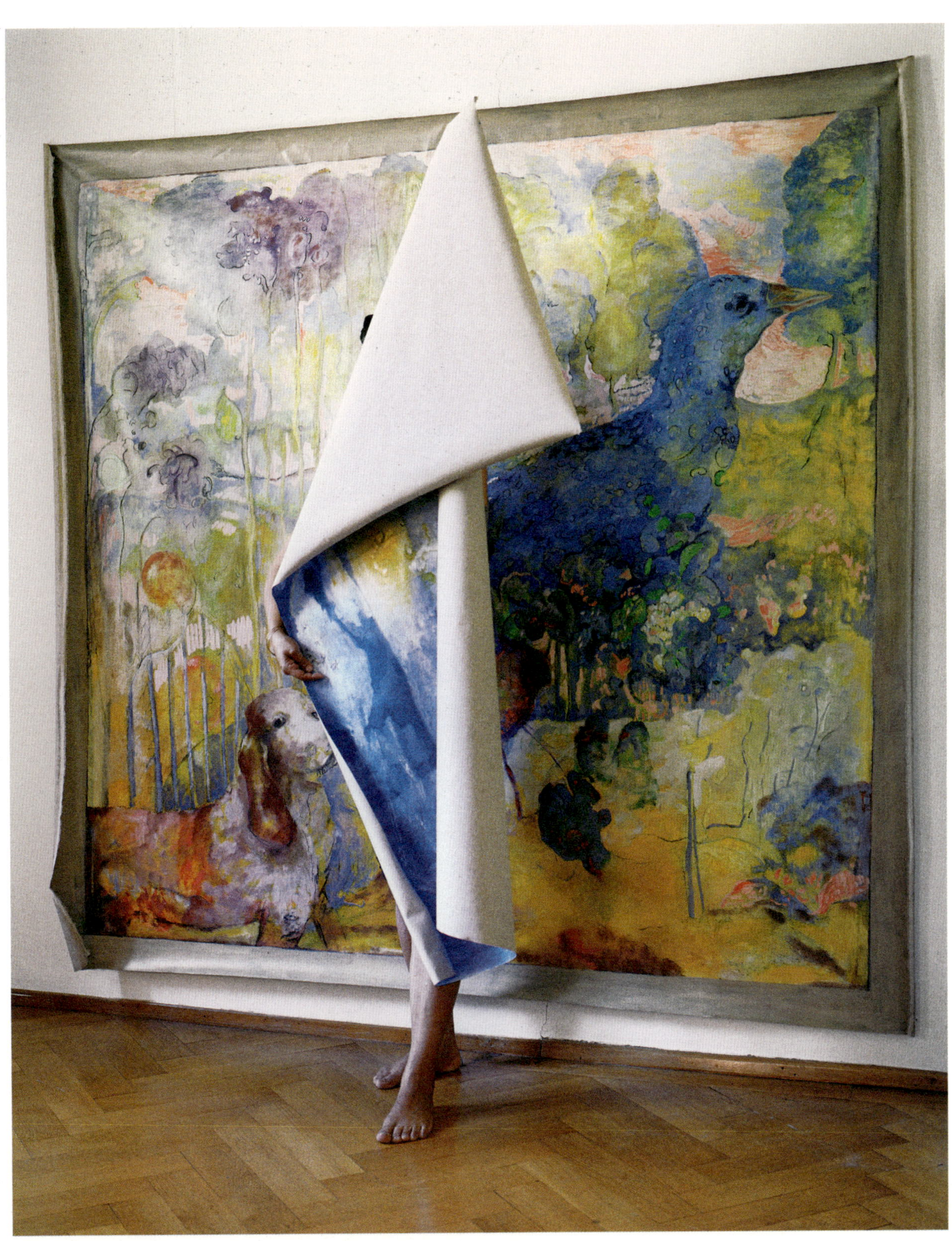

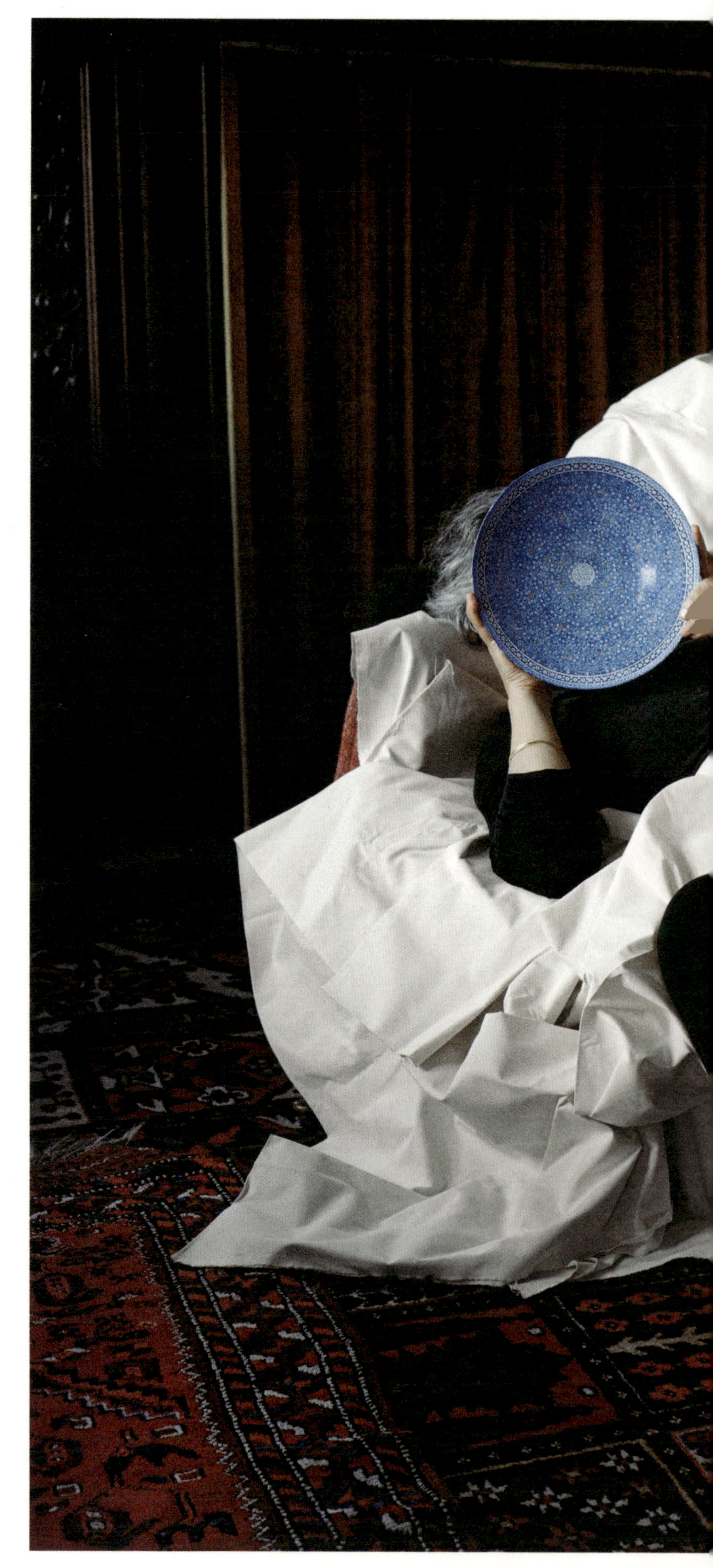

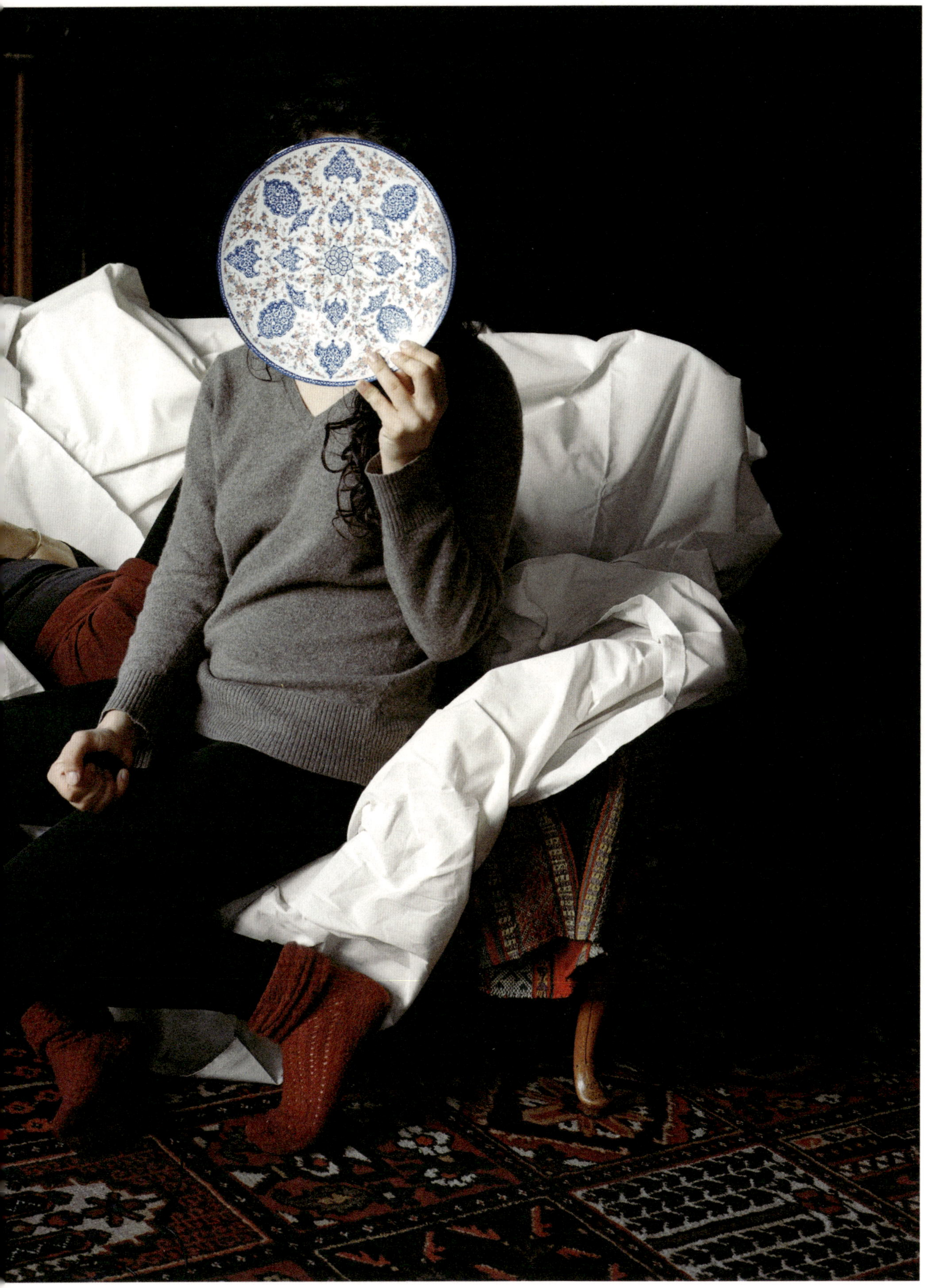

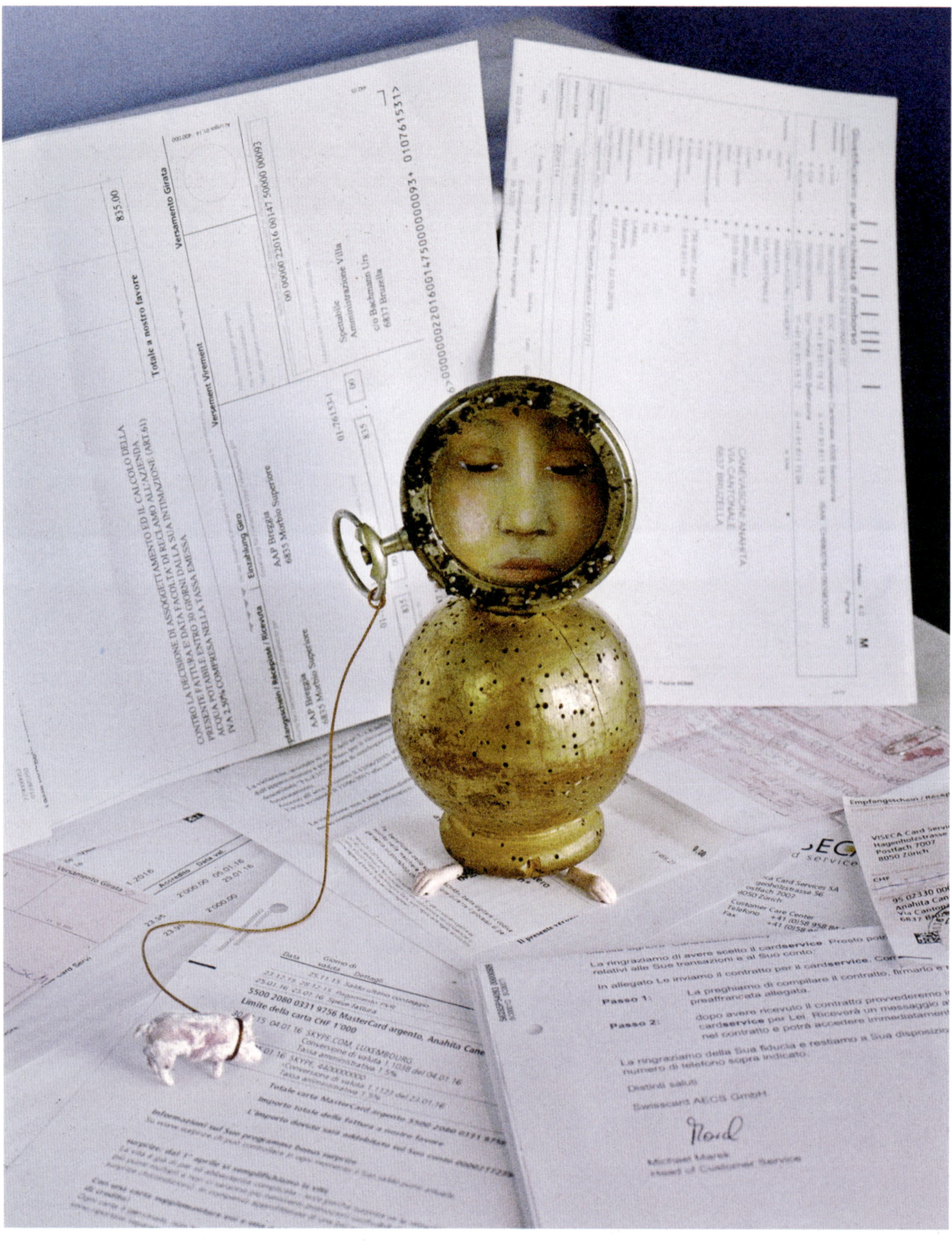

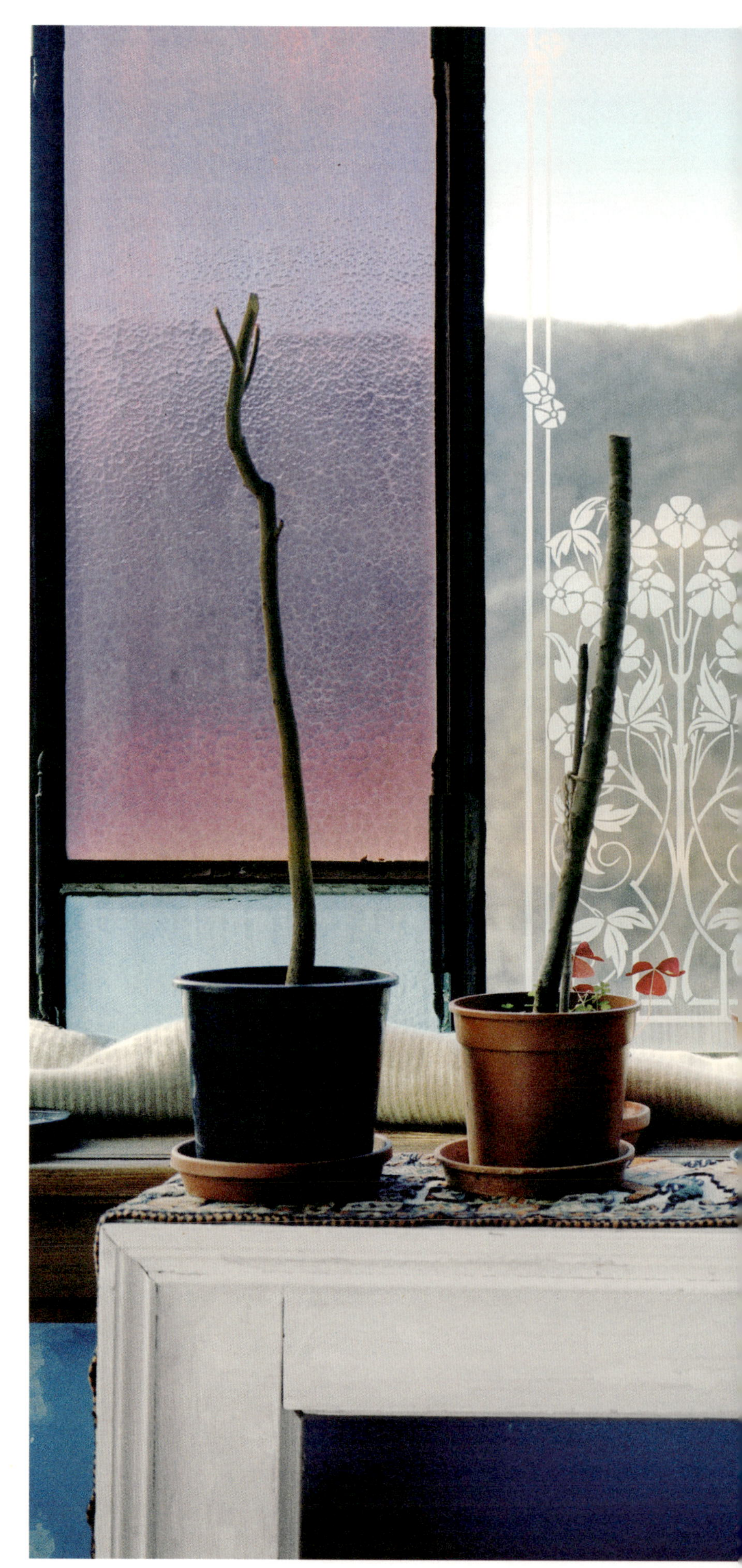

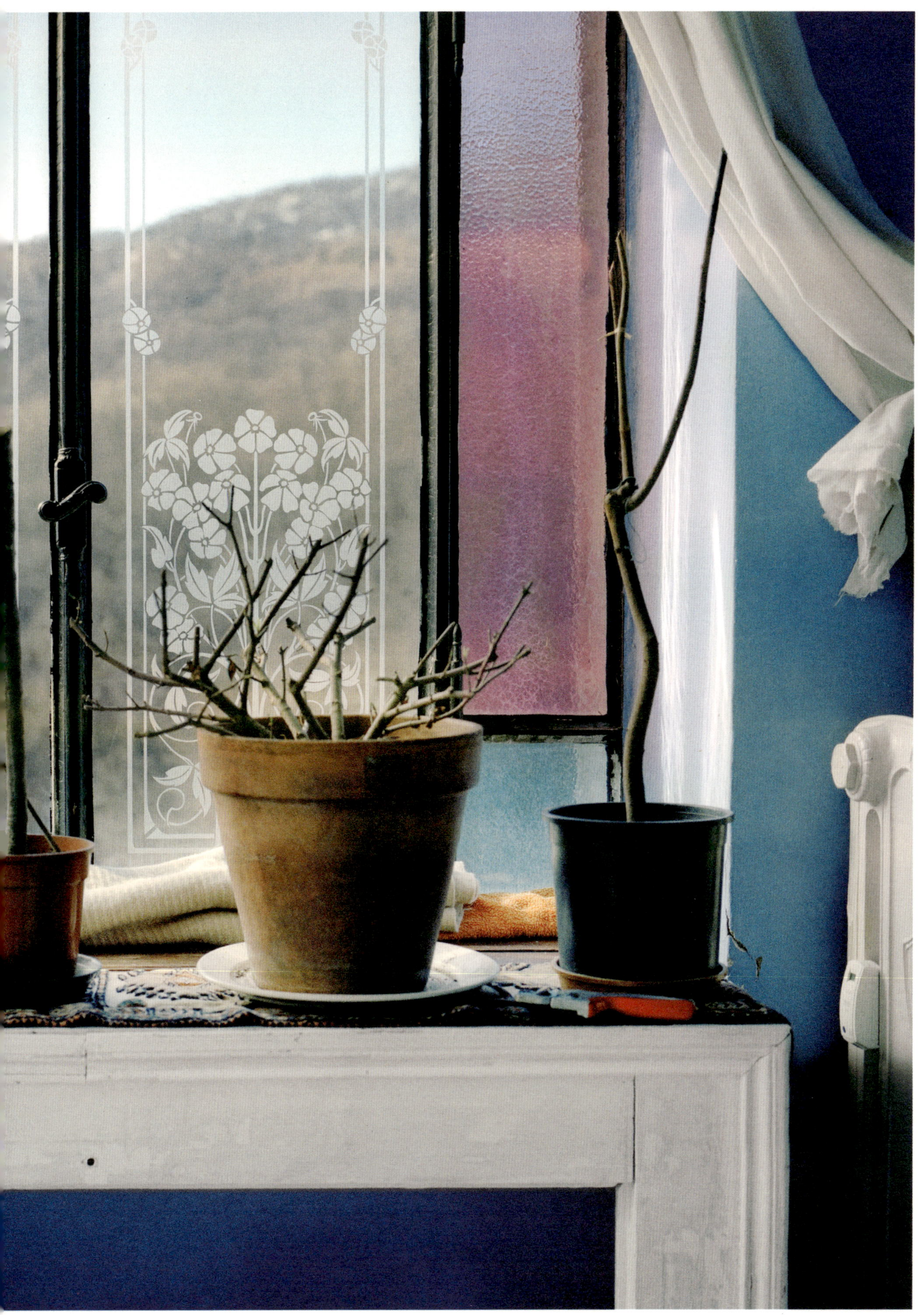

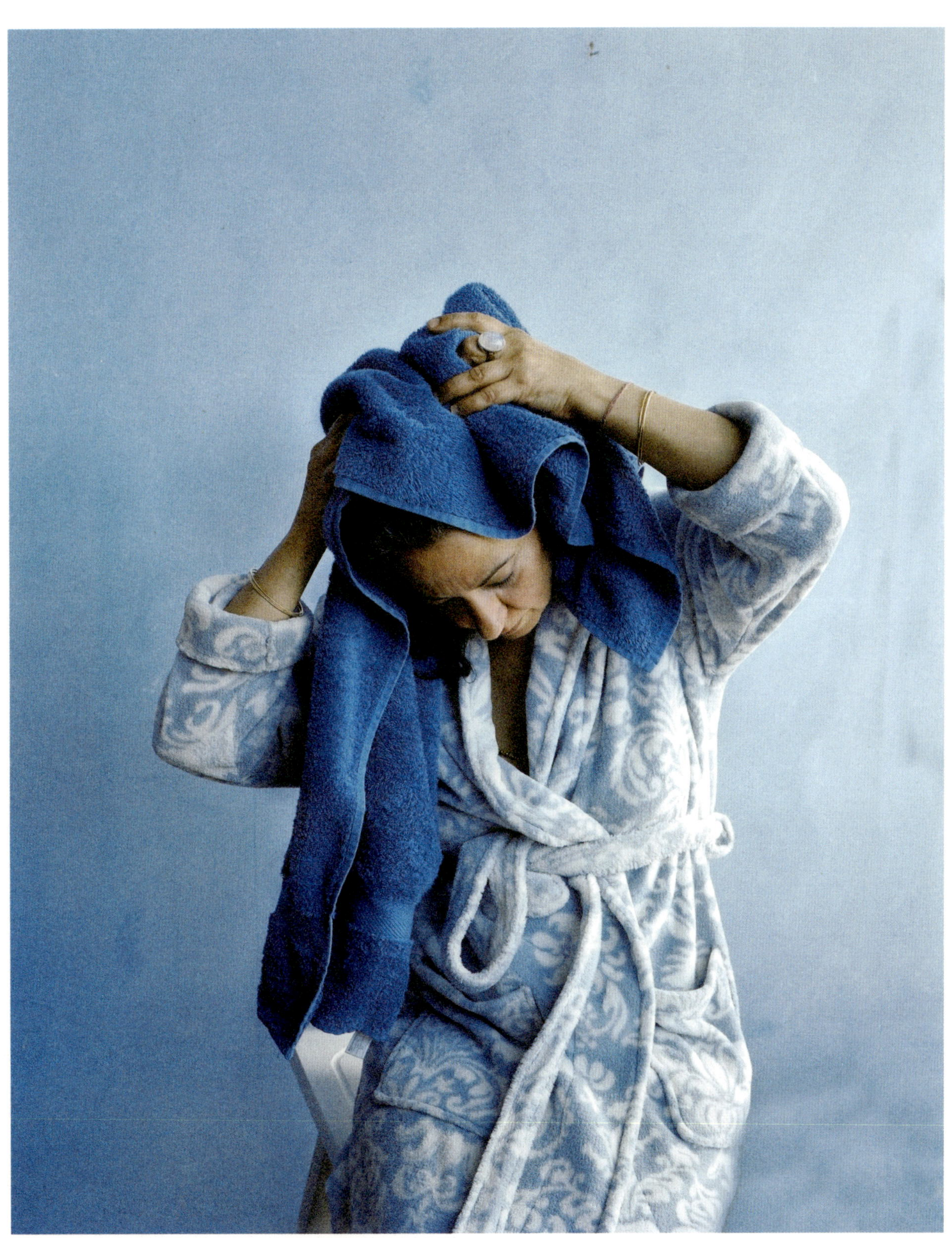

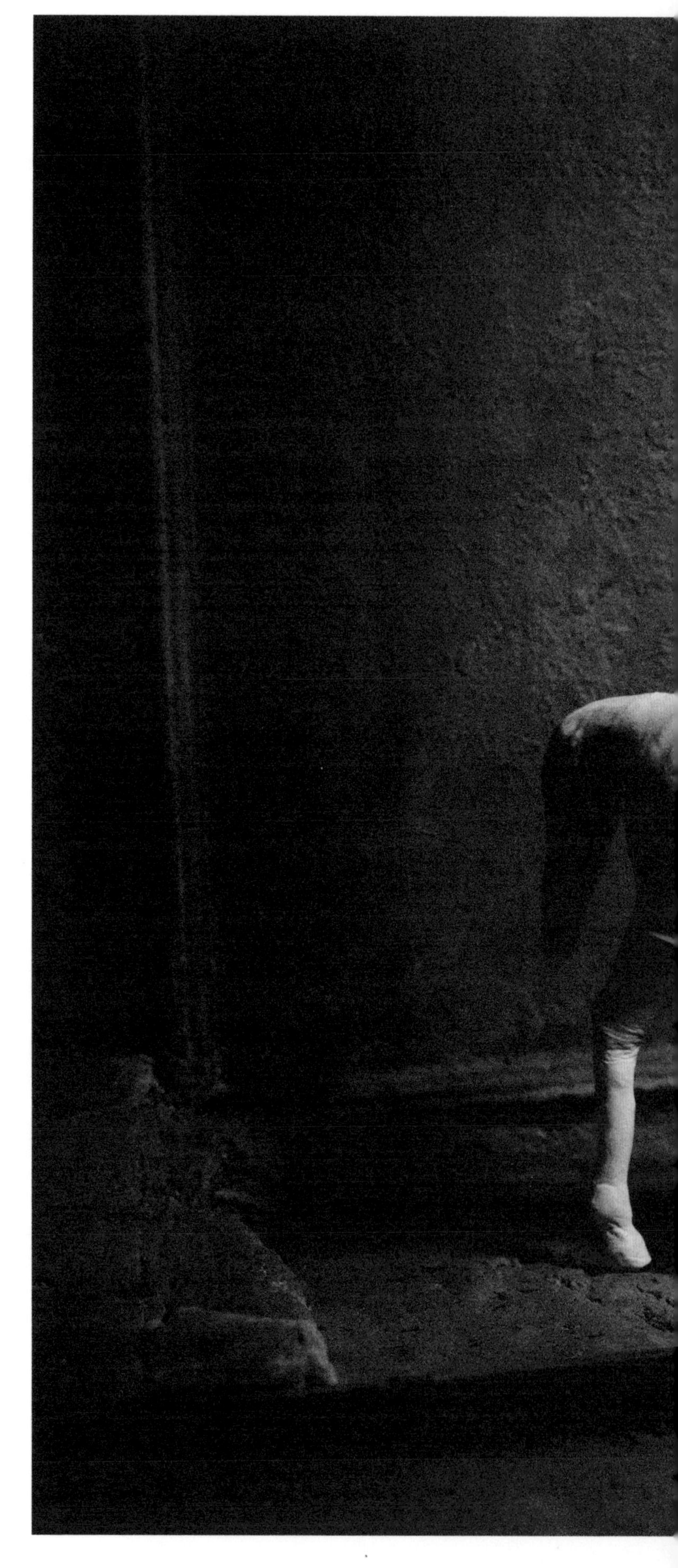

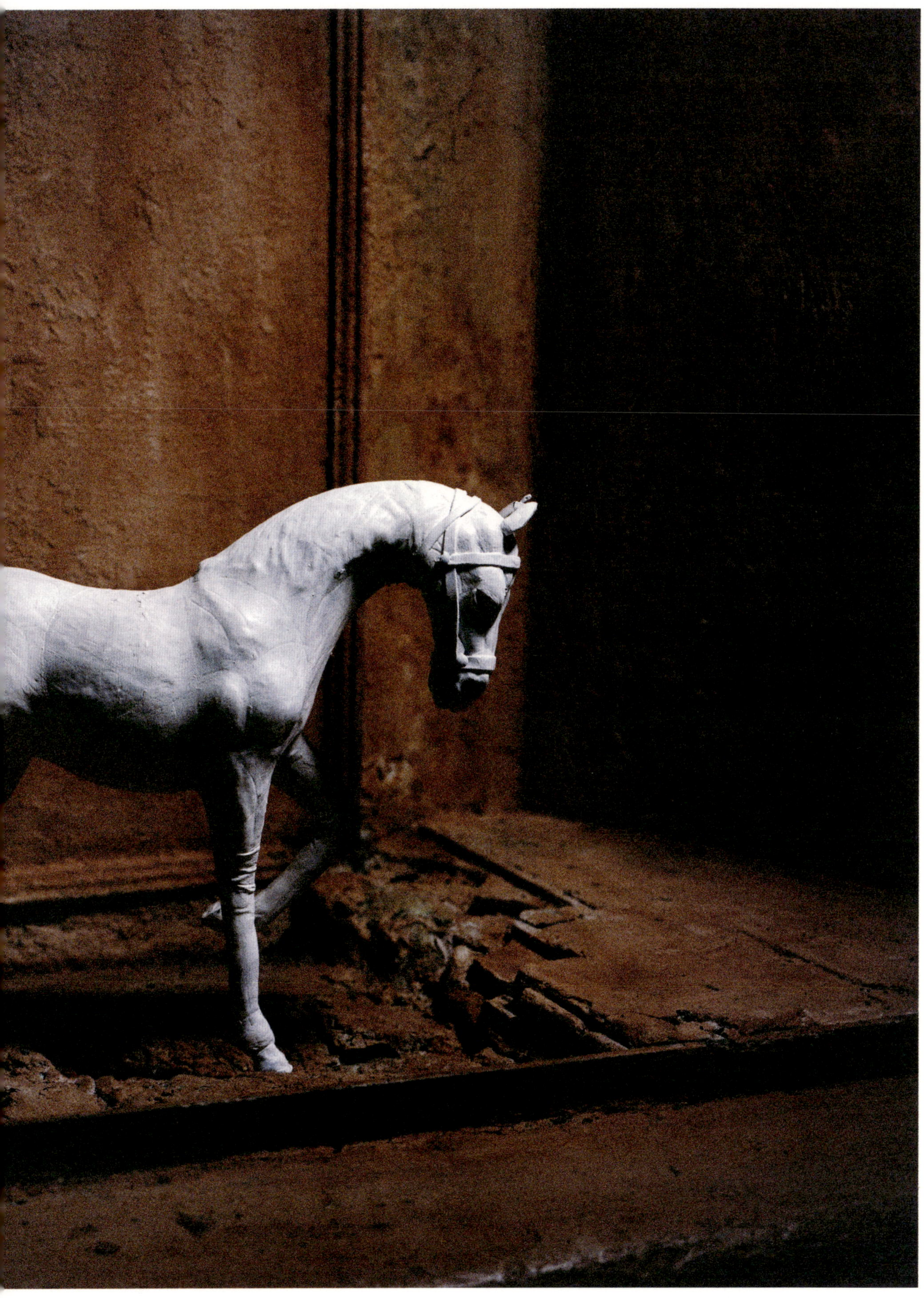

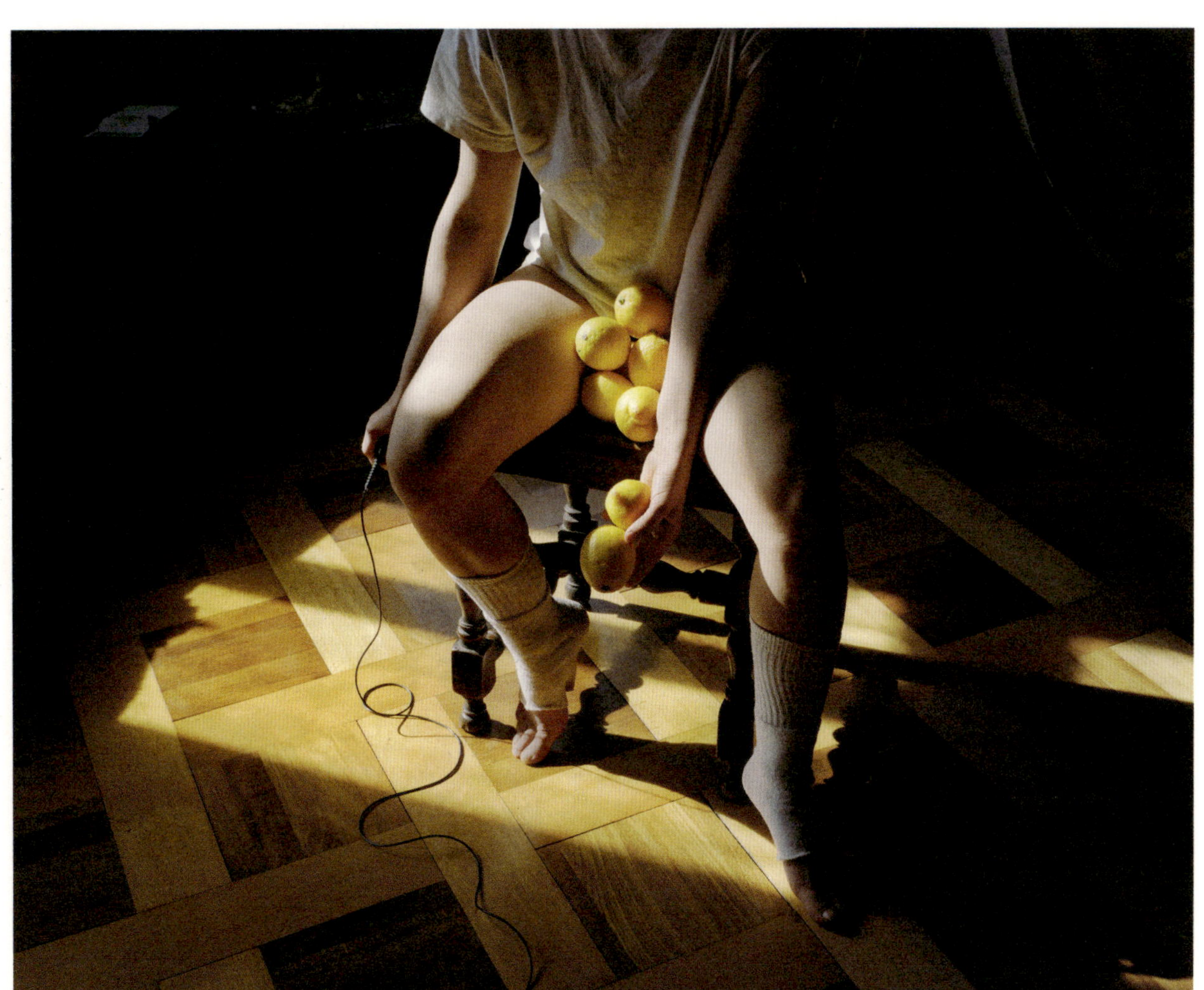

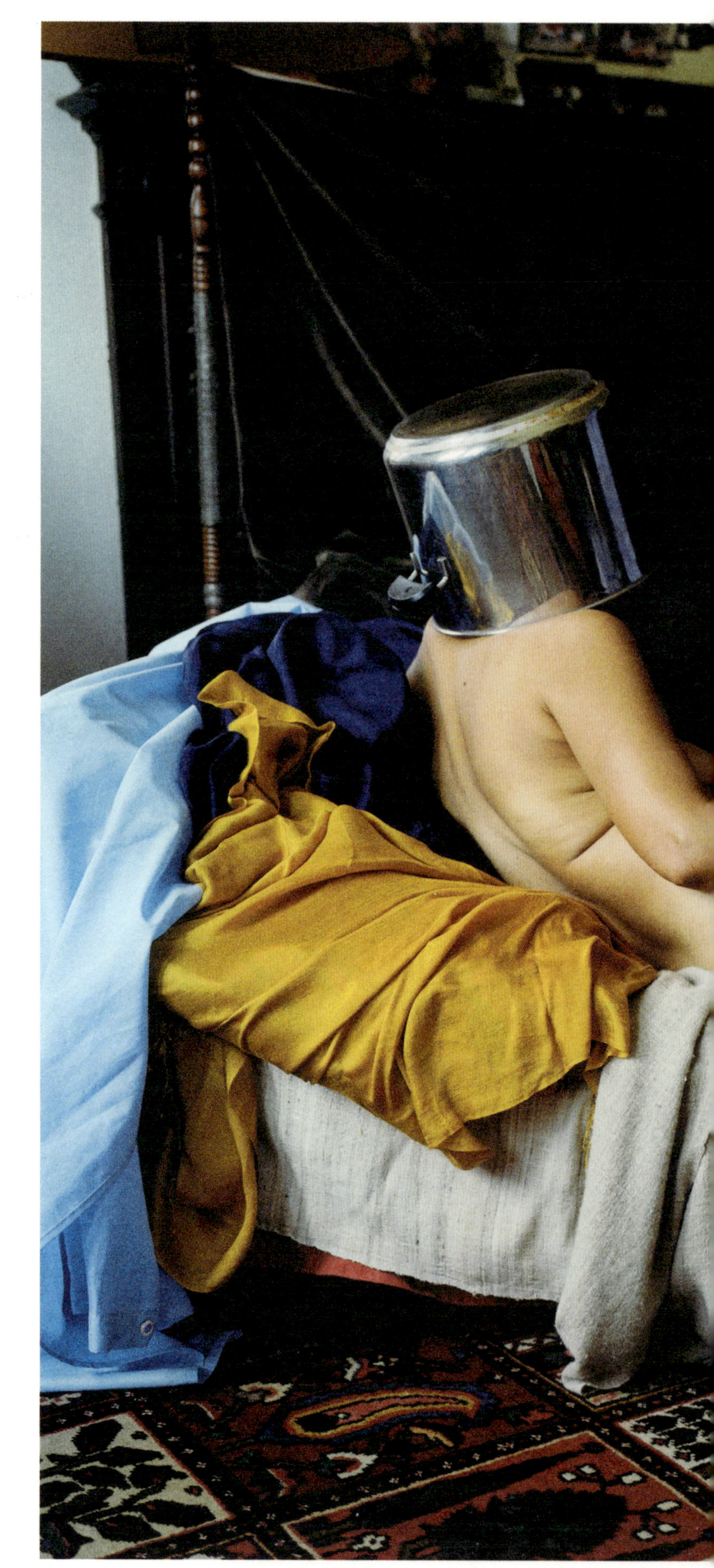

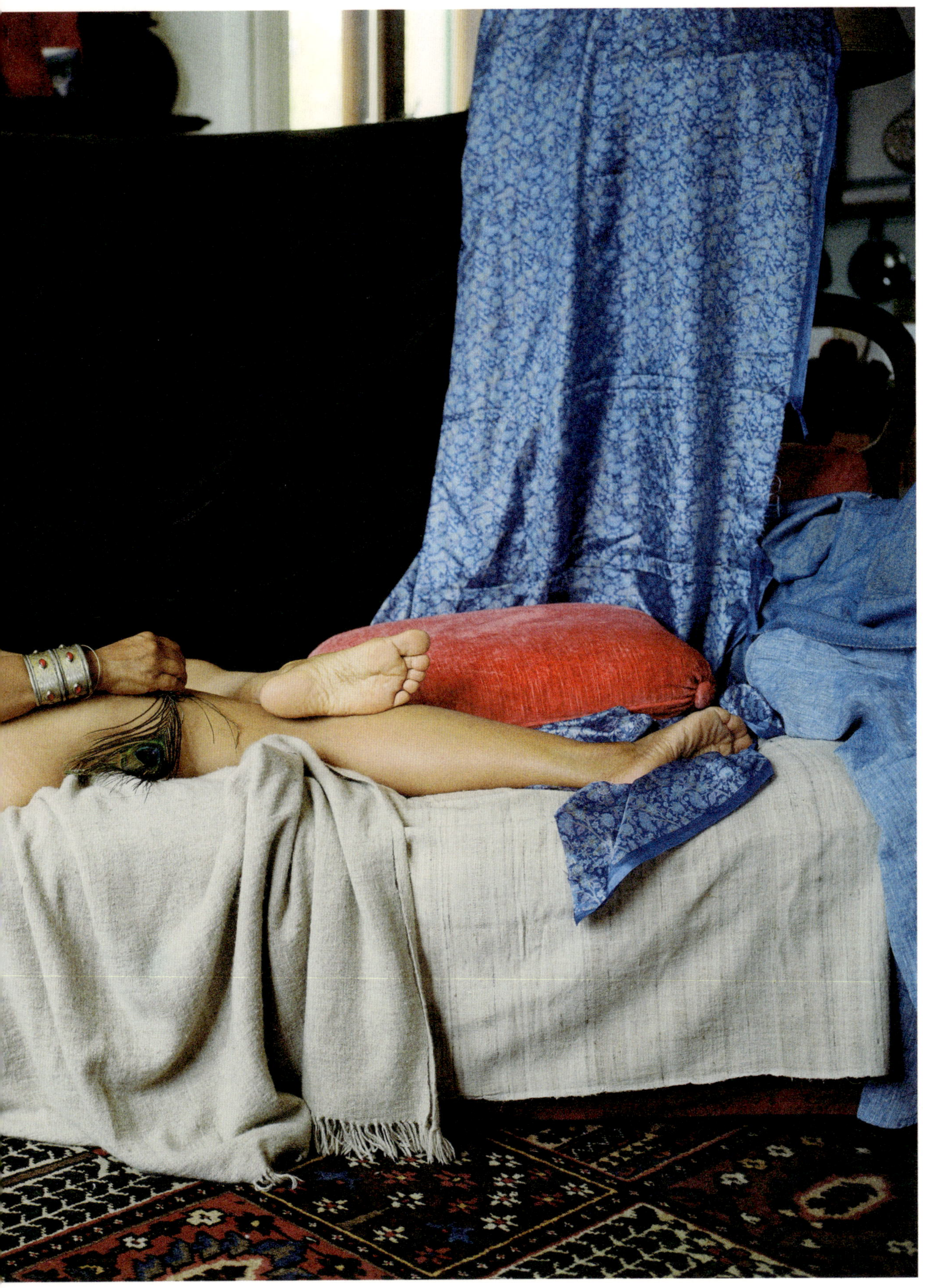

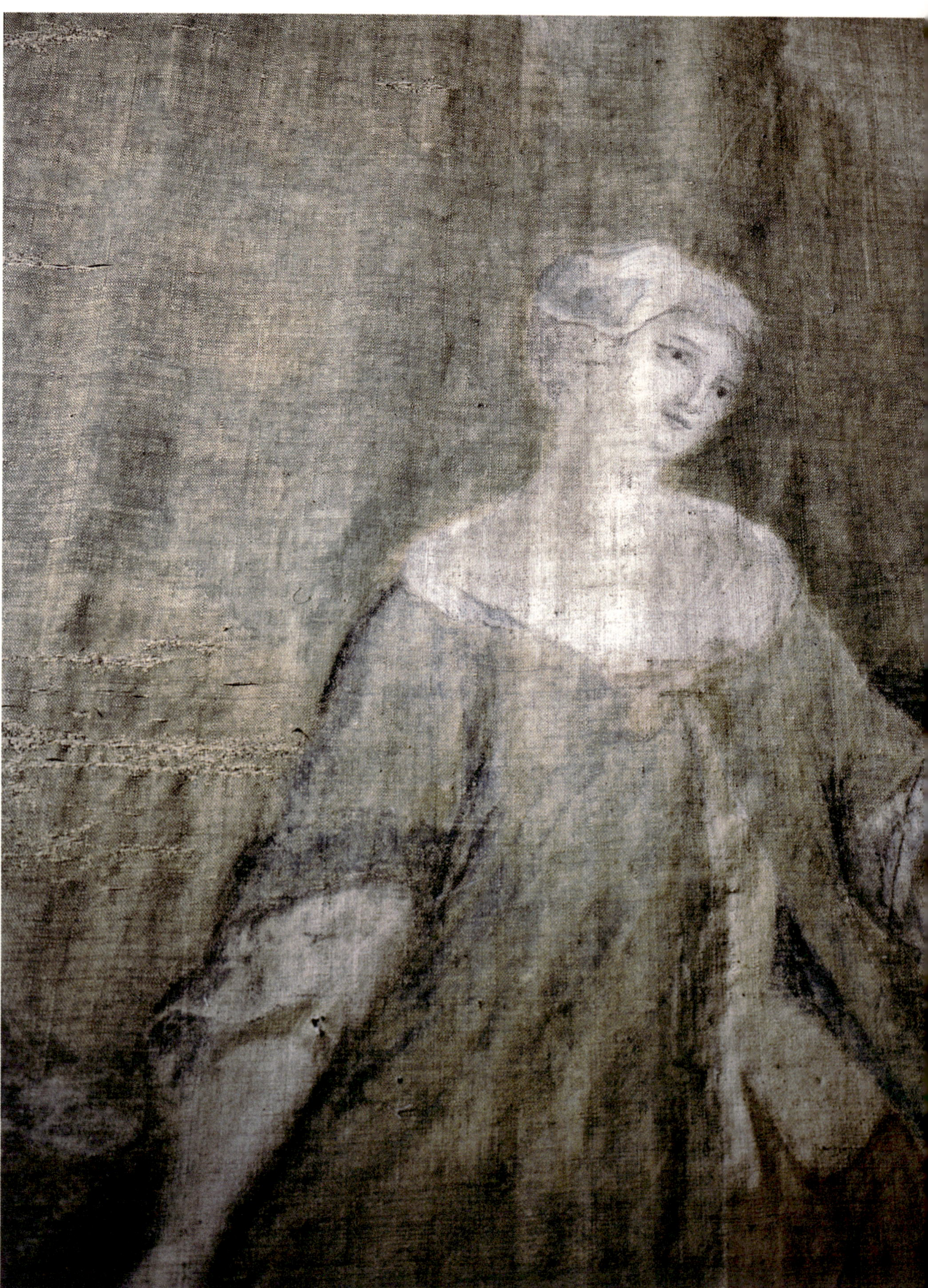

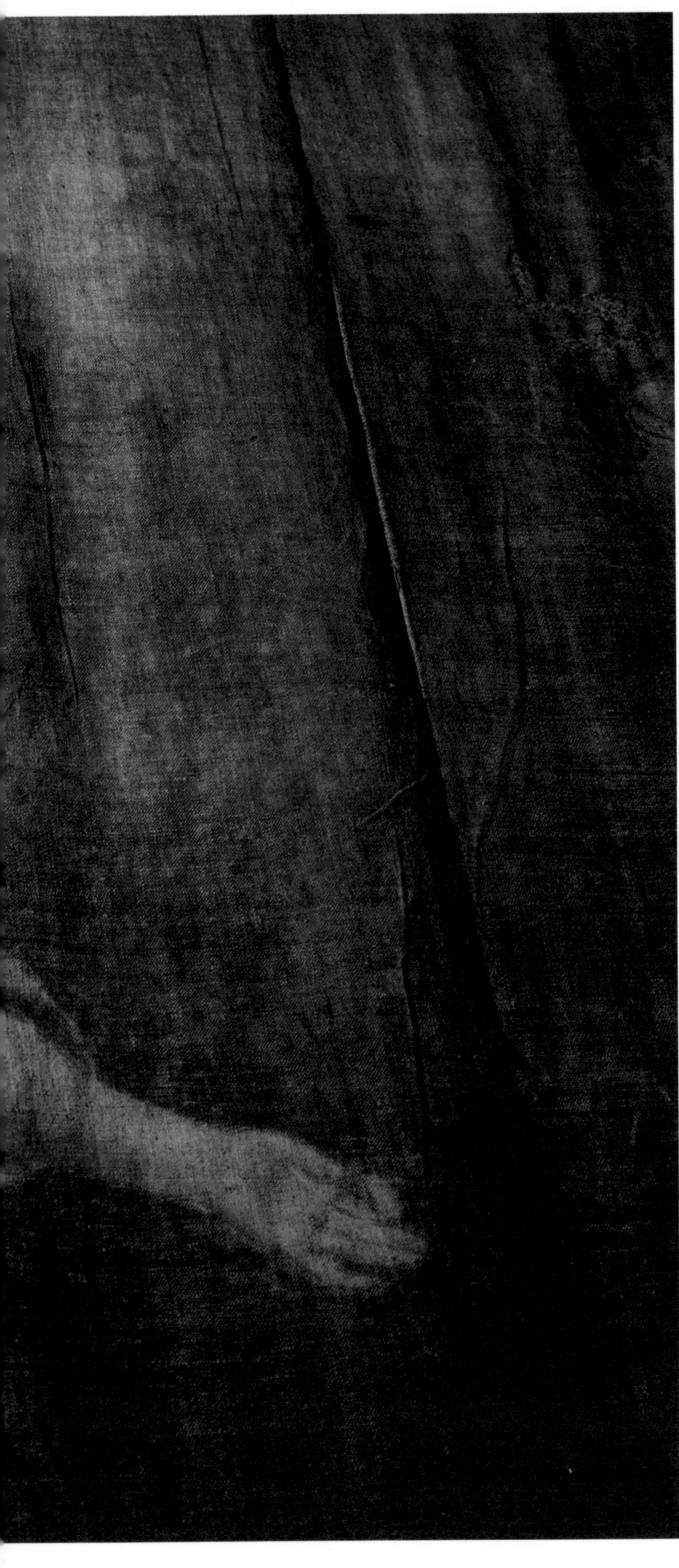

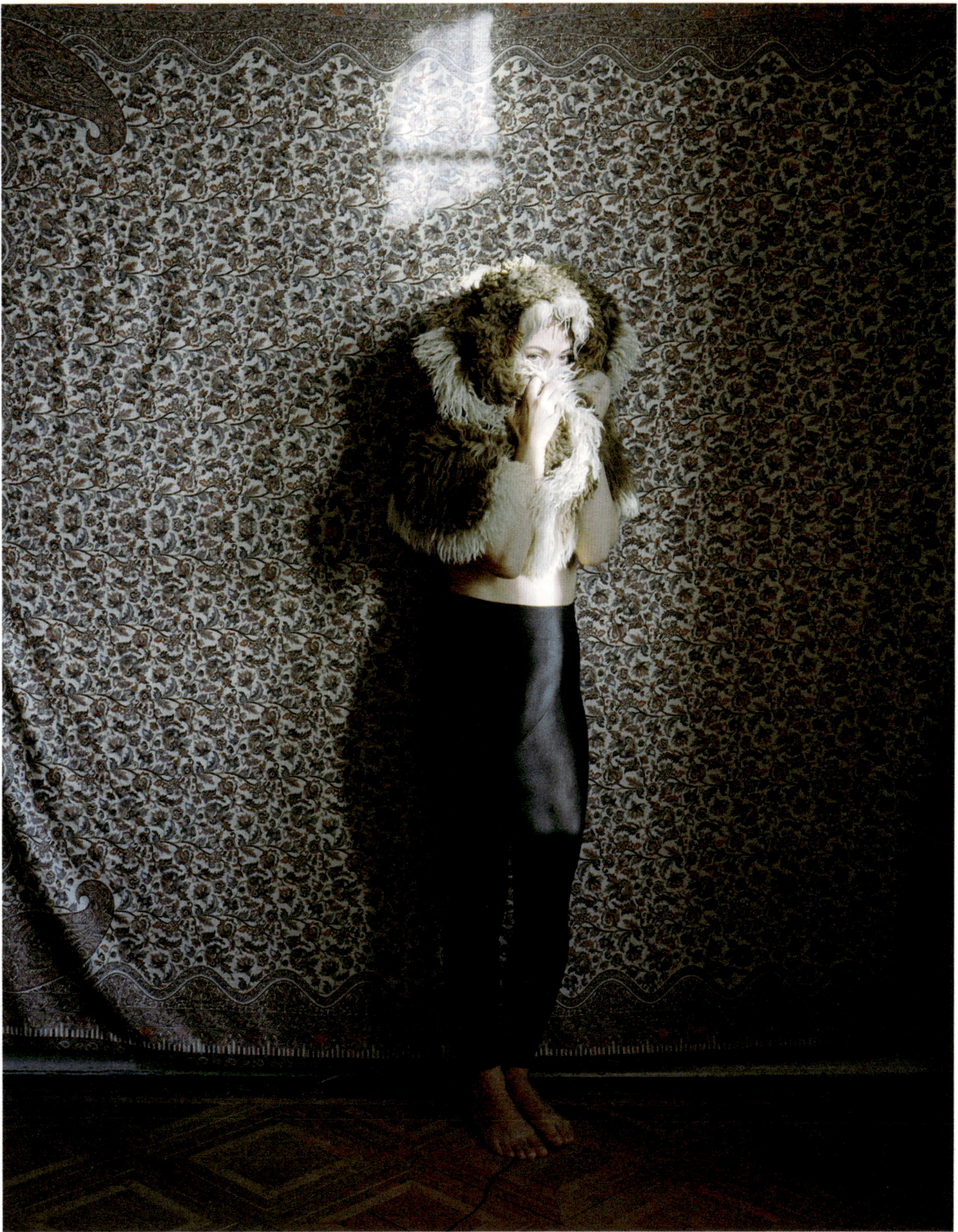

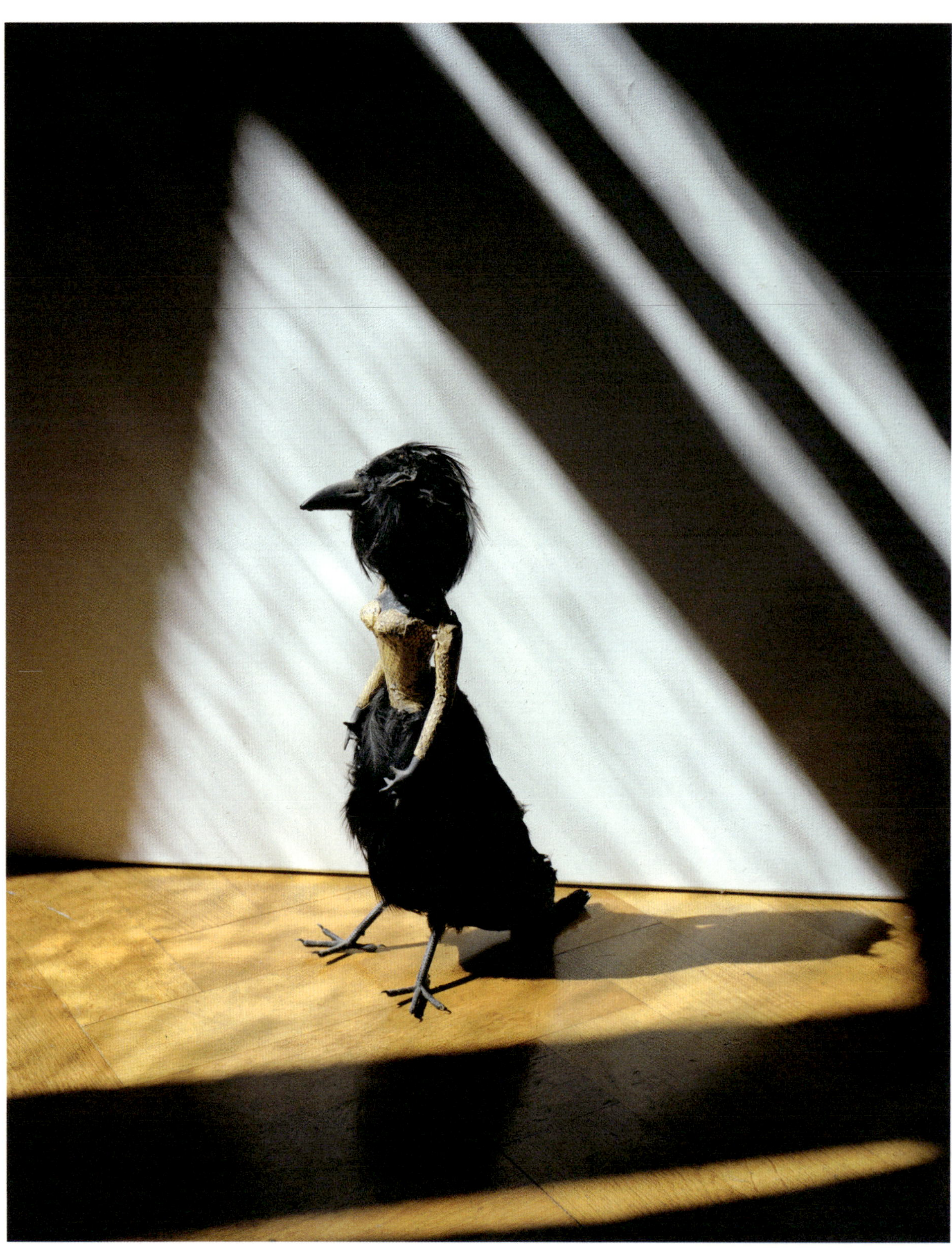

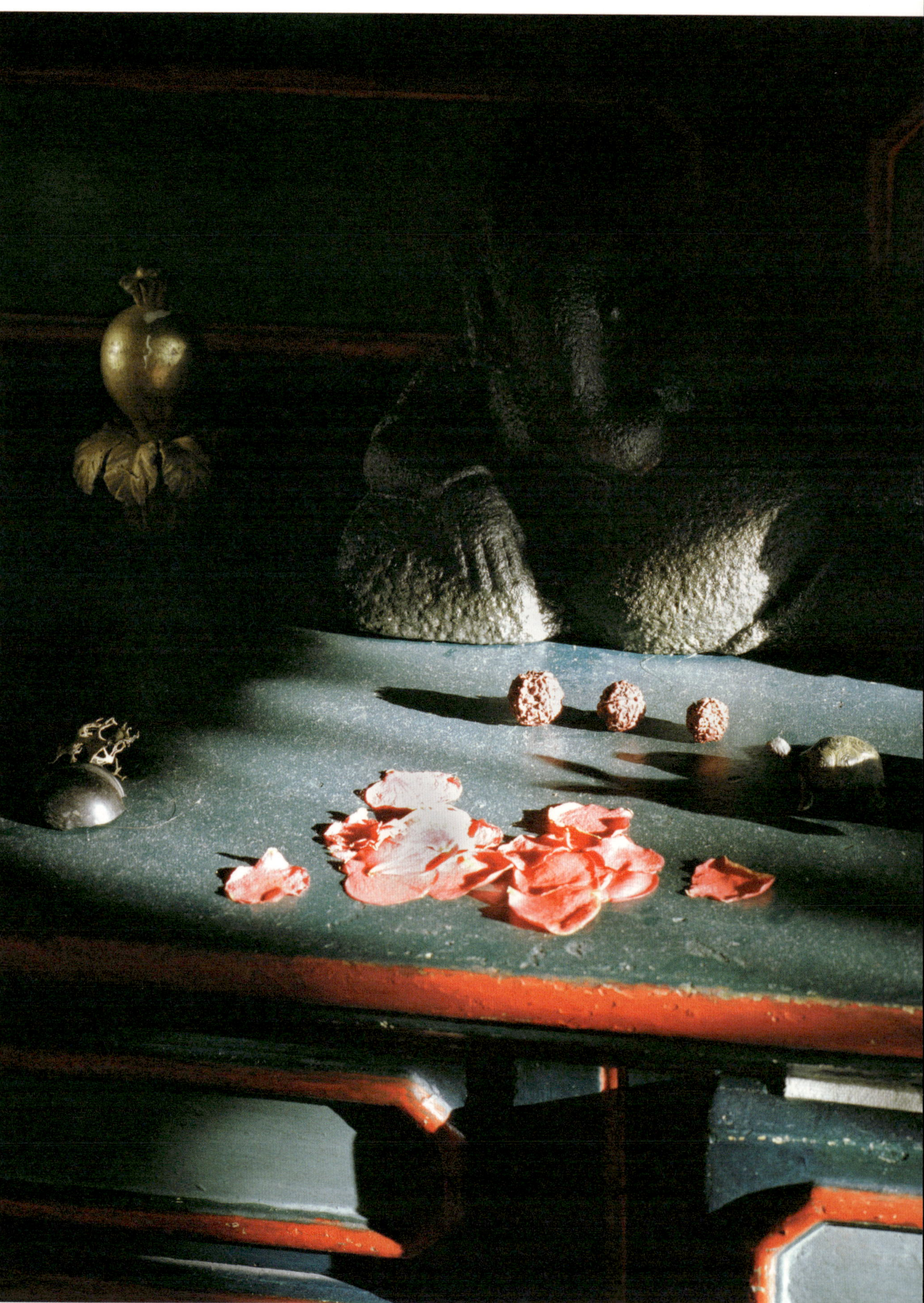

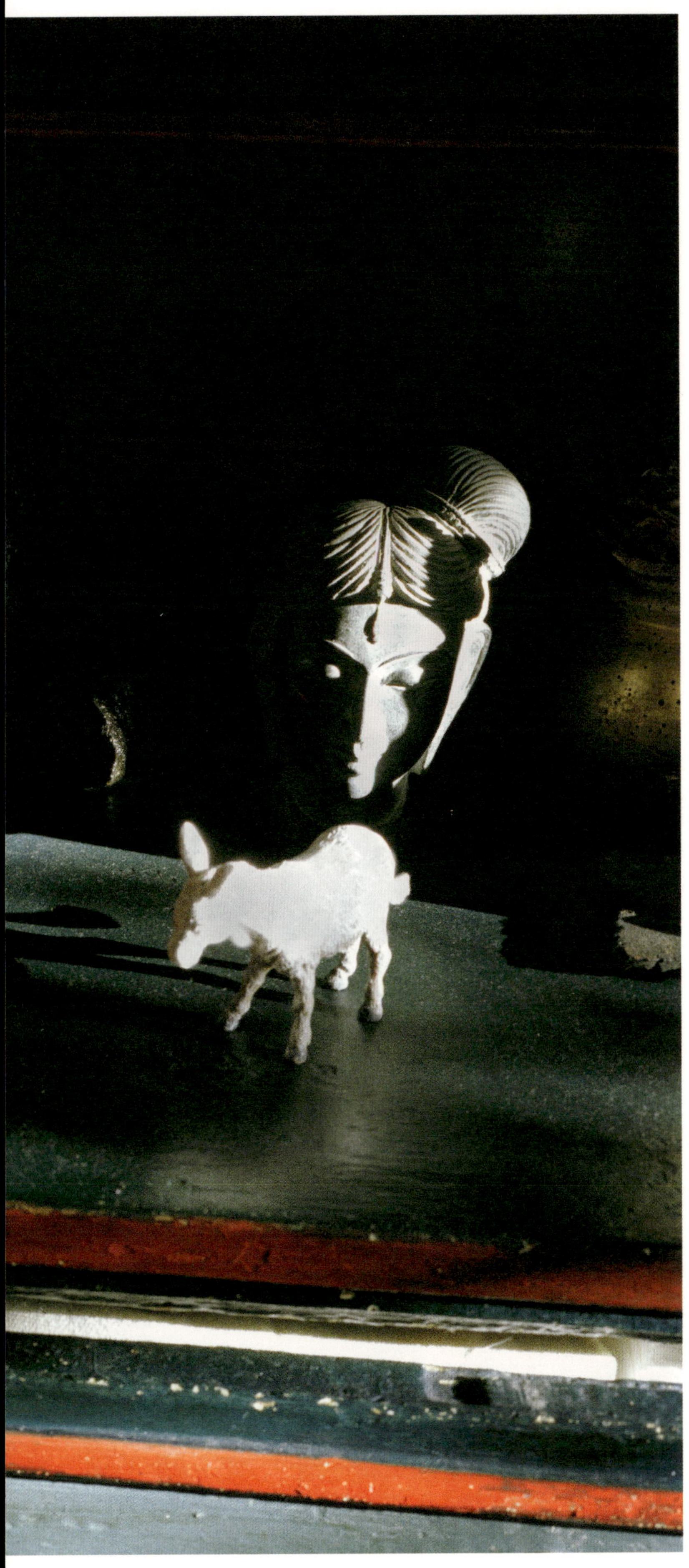

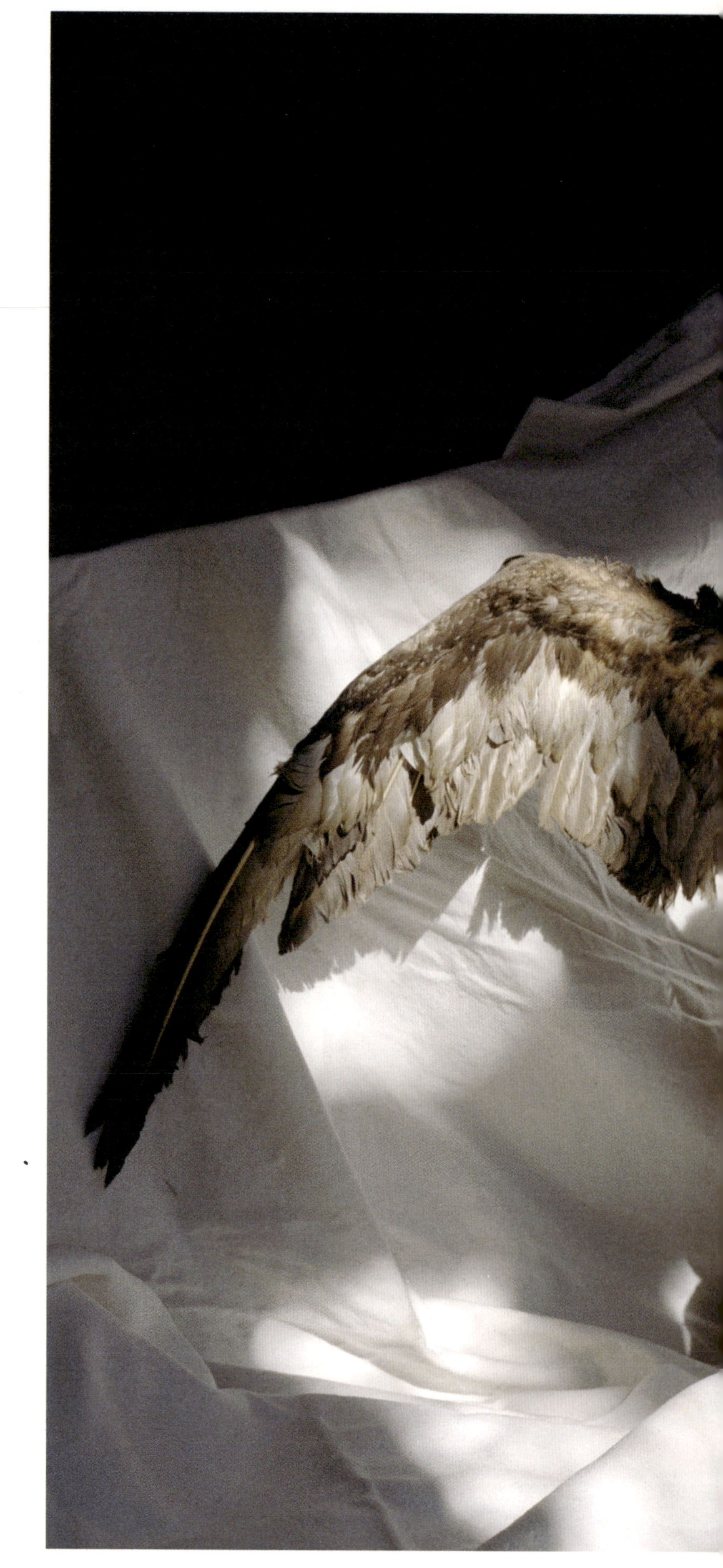

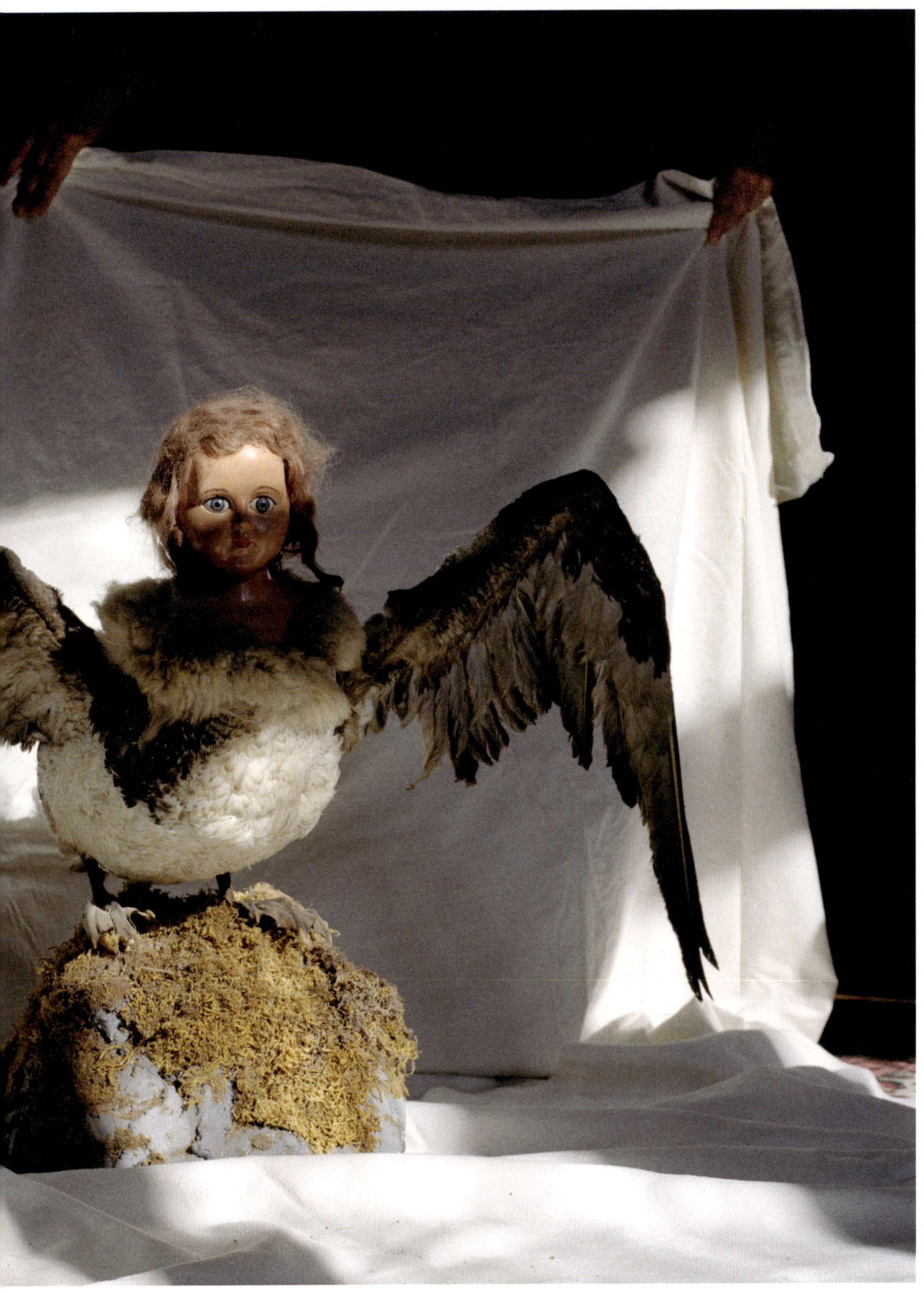

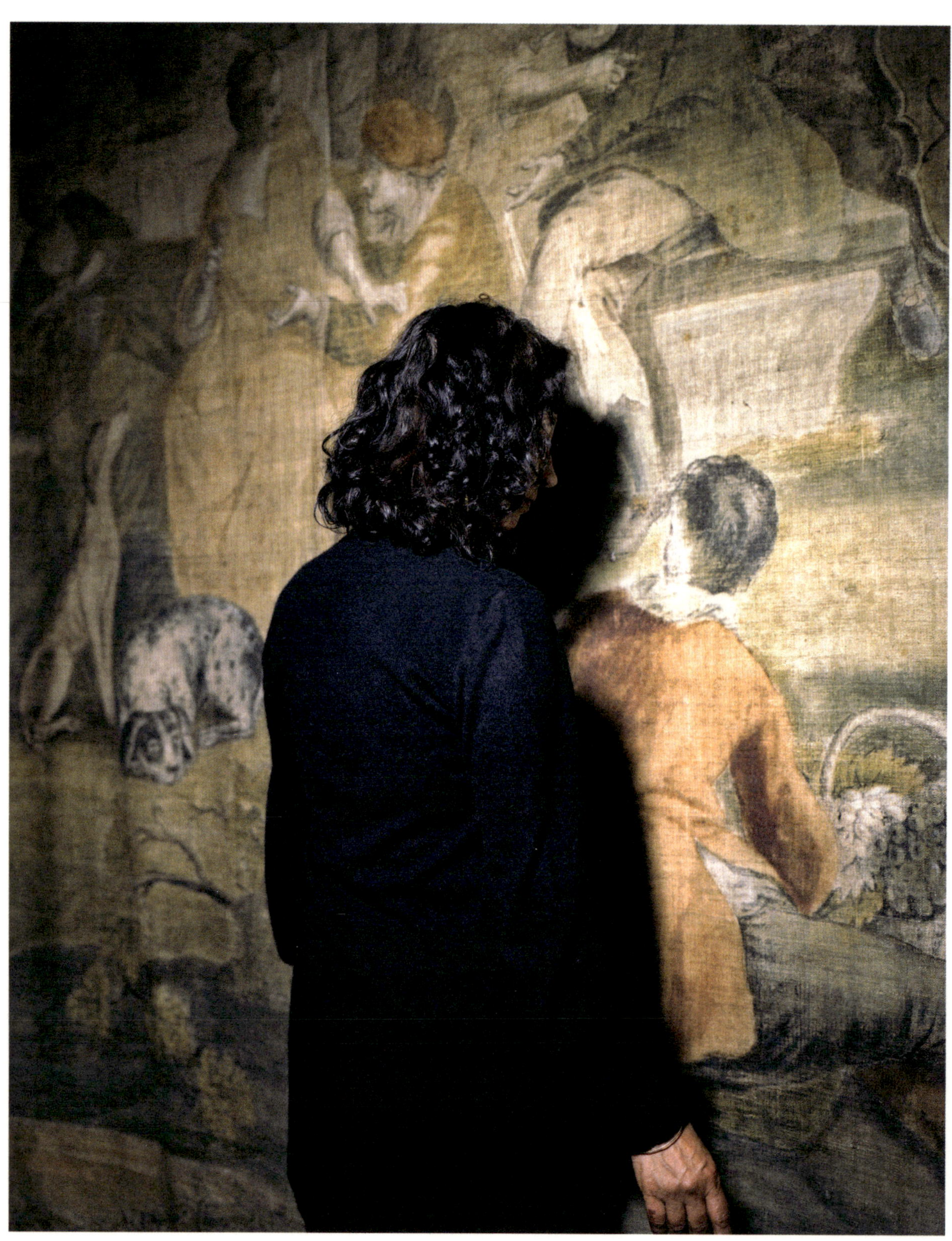

There were five of us children; I was the fourth. Your grandfather, as you know, was a medical internist, and your grandmother, a nurse. My parents spent little time at home. They worked during the day and at night they liked to be with their friends or relax. I therefore spent much of my time alone, without either my siblings or my parents. I remember throughout my childhood feeling a certain solitude in our big house.

Although absent for most of the time, my parents had very strict rules: I could seldom go out or invite over many friends; except, of course, when they went out for the evening. As you can guess, there was almost never anyone to watch over me and this gave me a lot of freedom, in a way. This solitude I had during my childhood led me to invent my own world and helped me develop a very strong imagination to keep me company.

We had a very pretty garden. In Tehran the gardens were walled and closed to the outside, and ours was like a small sheltered paradise, planted with beautiful flowers and fruit trees. I grew up in this garden, playing and inventing things. I had a relationship with the trees, the flowers, ants and butterflies, which at times was close to infatuation. I imagined that, day after day, the same butterfly came to visit and talk with me. I sat on the ground and watched the clouds and their shapes, and found in them all kinds of welcoming faces: they became my friends, until they disappeared. Sometimes, my father and I observed the plants together in the garden. I once asked him to name one of the rose bushes after me, so that it would be mine. I would go out every day to see the roses bloom and breathe in their pleasant fragrance: their perfume is strong in Tehran since the air is very dry.

It was wonderful that they let me keep animals. In the garden there were cats, dogs, rabbits and pigeons. There was even a goat, which disappeared one day without trace. I imagine my parents got rid of it as she ate all the flowers. My solitude reinforced the love I felt for these creatures. I wanted to care for them the whole time, and I felt very attached to them.

We lived in a middle-class neighbourhood. Nearby was another where families of more modest means lived, which I always liked. My best friends came from these families. I felt more at ease with them; I had the impression that my personality didn't fit in with the Tehrani bourgeoisie. These families were more religious and traditional, they lived more in community, and this caught my attention. They went to the mosque, where many curious things unknown to me happened. My family forbade me from taking part in this kind of life, and this made it even more fascinating.

Since the children of this other neighbourhood knew about my love for animals, whenever they found a stray cat they came to my house and rang the bell at night, since they knew my parents were never home. "Look, we've brought you a cat", they would say. "Will you buy it from us?" I would give them, let's say, a few coins. I would give the cat some of the milk we drank ourselves, pick the fleas off it, and so on. My room and that of my sisters was on the upstairs floor; my parents slept downstairs and didn't know about the "menagerie" of rescued animals that was growing, except when my father came upstairs to see if the rooms were tidy. Until they found out, I was free to have all these animals around me.

Often, I had the impression that very few people really understood me. My parents didn't know how to deal with me because of my unruly nature, so they nagged me and continually complained about me, and ordered me to study or do something or other. But, as you know, they were hardly ever at home, and I didn't like school. I was never at ease in that environment, I felt like a foreigner. The classes were, as you can imagine, very strict. On the one hand, very stringent rules and teachers that didn't give us any motivation; on the other, parents that were absent most of the time. When I reached adolescence, I began to have many problems with them. We often quarrelled and we became distant. You know that later I developed a much closer relationship with them, but during my childhood and adolescence they were like complete strangers to me.

When I moved to London, I began to feel able to share many of my thoughts and ideas with them; above all, with my father, as he loved art, literature and music. We had interesting conversations on the phone. Paradoxically, distance brought us closer together, and later I also became closer with my mother. Although I continued being the black sheep of the family, I ended up being the one that my parents felt the closest to. Both of them saw in me many things that they also carried inside them, things that I was able to express for them.

It was customary among many upper-middle class families to send their children abroad after finishing school. Those that could, sent them to the United States, England or France, countries that offered a good education. My parents wanted me to go to London. My mother referred to it a lot, as she had been there some years previously, around 1974, and had been impressed. Your grandmother had a very free spirit – the *punk* scene had amazed her! When she got back she said: "Look, if you want to go somewhere, it has to be London. There are loads of young people with strange haircuts; they dye their hair blue, red, every kind of colour. They wear make-up, rings in their noses and wild clothes. I loved it! You must go to London!" Coming from a country with so many rules, my mother saw in *punk* a sort of door to freedom. As for me, who had had an adolescence full of problems and ups and downs, she thought that perhaps I could find more freedom there.

At that time, being so young, I didn't know that freedom does not come only from your surroundings, but has to be sought from within yourself. It has nothing to do with the way you dress or the colour of your hair. It's something much more complex; a process that occurs from within us.

I left Iran in 1978, when I was eighteen, six months before the Islamic Revolution broke out. I only had a vague idea of what England was like. When I arrived, I was faced with a world of discovery that was not always easy to understand. One of my sisters, Azita, already lived in London with her husband, and was studying engineering. I lived for a few months with them. I wanted new experiences and to have my own space, however, once again, someone was controlling how much I was studying, or when I went out and when I came back. It was still the old "you've got to do this, you've got to do that".

First I had to study English. And soon it was time to choose a career, and I had no idea what to study. I signed up for IT, it was a disaster! It had nothing to do with my character. I didn't know what to do. I was very young; I didn't have much experience on my own to understand what I really wanted.

Anyway, at least I could make some friends. I found an English boyfriend who helped me understand the culture of the country. We visited museums and art galleries on weekends and he was always willing to teach me new things. Nevertheless, as time passed, I again felt like a foreigner. Things were not as I had imagined them to be: namely, I hadn't been able to make myself feel free. I began to ask myself questions: "Who am I really?", "what am I looking for?", "what do I want?" I now realise I was in a permanent internal struggle. I wanted to free myself, but from what, exactly?

Understanding English culture was also difficult, as suddenly I had to get used to speaking a different language, and with different gestures, often incomprehensible to me. For example, in Iran, looking someone in the eyes when speaking to them is normal, whereas in England, this can seem rude or an invasion of the other's personal space. Such different codes of conduct were very confusing to me at first. Bit by bit, I began to find my way. I reached the conclusion that I wanted to study art and I had to convince my parents of this. When they realised that I was serious, they gave me their total support.

My parents sent me money to pay for my studies, but a year afterwards war broke out between Iran and Iraq. Inflation took off, and our currency lost much of its value. Suddenly, the pound cost ten times as much. It was as if my monthly expenses had multiplied by ten. I remember my father had a beautiful collection of antique hand-written books that he had had to sell to pay for my studies. I was often short of money, but they never knew it. I did not want them to worry about me. At one point I said: "Listen, I don't need any more money. I've begun to work and I'm earning enough". I was young and could get by.

It was difficult, but at that age one sees things in a different way. I don't remember having suffered from not having much money; it was not that much of a problem. What upset me much more were the emotional ups and downs caused by the situation in my country, which made me feel vulnerable and worried about my family and friends. But in one way or another, life continued to be very attractive due to everything happening around me. I was learning to observe myself and everything around me, and life flourished and continued along its way.

Éramos cinco hijos; yo era la cuarta. Tu abuelo, como sabes, era médico internista, y tu abuela, enfermera. Mis padres pasaban poco tiempo en casa. Trabajaban de día y por las noches solo querían quedar con sus amigos o descansar. Por eso yo estaba mucho tiempo sola, sin mis hermanas ni mis padres. A lo largo de mi niñez, recuerdo haber sentido cierta soledad en nuestra gran casa familiar.

Aun ausentándose la mayor parte del tiempo, mis padres imponían reglas muy estrictas: yo no podía salir a menudo ni invitar a muchos amigos a casa; salvo, claro está, cuando ellos salían de noche. Ya sabes… Casi nunca había nadie para vigilarme y eso me daba mucha libertad, en cierto sentido. Esa soledad que sentí en mi niñez me llevó a construir un mundo propio, y me ayudó a desarrollar una potente imaginación que me permitía sentirme acompañada.

Teníamos un jardín muy bonito. En Teherán los jardines estaban vallados y cerrados al exterior, y el nuestro era como un pequeño paraíso aislado, sembrado de preciosos rosales y árboles frutales. Yo me crie en ese jardín, jugando e imaginando cosas. Mantenía una relación con los árboles, las flores, las hormigas, las mariposas… que a veces rozaba el enamoramiento. Imaginaba que, día tras día, una misma mariposa venía a visitarme y a hablar conmigo. O me sentaba en el suelo a mirar las nubes y sus formas, y encontraba en ellas todo tipo de rostros a los que cogía cariño: se convertían en mis amigos, hasta que desaparecían.

De vez en cuando, mi padre y yo observábamos juntos las plantas del jardín. Una vez le pedí que pusiera mi nombre a uno de los rosales, para que fuese mío. Yo salía todos los días a ver cómo florecían las rosas y aspiraba su agradable fragancia: su perfume es intenso en Teherán porque allí el aire es muy seco.

Algo maravilloso era que me dejaban tener animales. En el jardín había gatos, perros, conejos y palomas. Tuve hasta una cabra, que un día desapareció sin dejar rastro. Supongo que mis padres se deshicieron de ella porque se comía todas las flores. Mi soledad reforzaba el amor que sentía por aquellas criaturas. Quería cuidarlas todo el tiempo y me sentía muy apegada a ellas.

Nuestro barrio era de clase media. Cerca había otro en el que vivían familias más modestas, que siempre me gustó. Mis mejores amigos provenían de esas familias. Yo me sentía más cómoda con ellos; tenía la impresión de que mi carácter no encajaba con la «burguesía» teheraní. Aquellas familias eran más religiosas y tradicionales, hacían mucha vida en comunidad, y eso me llamaba la atención. Iban a la mezquita, donde sucedían muchas cosas curiosas y desconocidas para mí. Mi familia me prohibió participar en ese tipo de vida, y eso la hacía aún más fascinante.

Como los niños de ese otro barrio conocían mi amor por los animales, cada vez que encontraban un gato callejero venían a mi casa y tocaban el timbre por la noche, pues sabían que mis padres nunca estaban. «Mira, te hemos traído un gato», me decían. «¿Nos lo compras?». Yo les pagaba, digamos, unas pocas monedas. Al gatito le daba leche de la que bebíamos nosotros, le quitaba las pulgas, todo eso… Mi habitación y la de mis hermanas estaban en el piso de arriba; mis padres dormían abajo y no se enteraban de los «zoológicos» de animales rescatados que montaba, salvo cuando mi padre subía para ver si teníamos los cuartos en orden. Hasta que me descubrían, disfrutaba de la libertad de tener esos animales cerca.

A menudo, tenía la impresión de que muy pocas personas me entendían de verdad. Mis padres no sabían cómo tratar conmigo por mi carácter díscolo, así que me regañaban, se quejaban continuamente de mí y me ordenaban que estudiase o que hiciese esto y aquello… Pero, ya sabes, no estaban casi nunca y a mí no me gustaba el colegio. Nunca estuve a gusto en ese ambiente, me sentía como una extranjera. Las clases eran, imagínate, muy estrictas. Por un lado, normas muy rígidas y profesores que no nos motivaban; por otro, unos padres ausentes la mayor parte del tiempo. Cuando llegué a la adolescencia, empecé a tener muchos problemas con ellos. Discutíamos a menudo y nos terminamos distanciando. Tú sabes que más adelante desarrollé una relación mucho más estrecha con ellos, pero durante mi niñez y adolescencia fueron como unos desconocidos para mí.

Cuando me trasladé a Londres, empecé a sentirme capaz de compartir muchos de mis pensamientos e ideas con ellos; sobre todo con mi padre, porque a él le encantaban el arte, la literatura y la música. Manteníamos interesantes conversaciones telefónicas. Paradójicamente, la distancia nos acercó. Más adelante, también me aproximé a mi madre. Aunque yo seguía siendo la oveja negra de la familia, terminé siendo la persona más cercana a mis padres. Ambos veían en mí muchas cosas que ellos mismos llevaban dentro, cosas que yo era capaz de expresar por ellos.

Era costumbre de muchas familias de clase media-alta enviar a sus hijos al extranjero tras el bachillerato. Quienes se lo podían permitir, los mandaban a los Estados Unidos, a Inglaterra o a Francia, países que prometían una educación de altura. Mis padres quisieron que fuese a Londres. A mi madre le hacía mucha ilusión, porque ella había estado allí unos años antes, en torno a 1974, y había quedado impresionada. Tu abuela tenía un espíritu muy libre, ¡la escena punk la dejó alucinada! Cuando volvió me dijo: «Mira, si quieres ir a algún lado, tiene que ser Londres. Hay un montón de gente joven con cortes de pelo preciosos, se lo tiñen de azul, de rojo, de todos los colores. Se ponen maquillaje, pendientes en la nariz y ropa muy divertida. ¡Me ha encantado! ¡Deberías ir a Londres!». Viniendo de un país sometido a tantas reglas, mi madre vio en el punk una especie de puerta a la libertad. Y como yo estaba atravesando una adolescencia llena de problemas y altibajos, pensó que tal vez allí encontraría más libertad.

En aquel momento no supe apreciar, por ser aún muy joven, que la libertad no solo te la da tu entorno, sino que hay que buscarla dentro de nosotros. No tiene que ver con la forma de vestir o el color del pelo. Es algo mucho más complejo; un proceso que ocurre en nuestro interior.

Salí de Irán en 1978, a los dieciocho años, seis meses antes del estallido de la Revolución islámica. Yo tenía una idea muy vaga de cómo era Inglaterra. Cuando llegué, me topé con todo un mundo por descubrir y no siempre fácil de entender. Una de mis hermanas, Azita, residía ya en Londres con su esposo, y estaba estudiando ingeniería. Viví con ellos unos meses. Yo quería nuevas experiencias y tener mi propio espacio, pero, una vez más, alguien controlaba cuánto estudiaba o si salía o entraba. De nuevo el «tienes que hacer esto, tienes que hacer aquello».

Primero tuve que ponerme a estudiar inglés. Luego llegó la hora de elegir carrera, y yo no tenía ni idea de qué estudiar. Me matriculé en informática, ¡fue un desastre! Aquello no tenía nada que ver con mi carácter. No sabía qué hacer… Era muy joven; no había vivido lo suficiente como para entender qué quería en realidad.

En cualquier caso, pude hacer algunos amigos. Me eché un novio inglés que me ayudó a entender la cultura del país. Visitábamos museos y galerías de arte los fines de semana y él estaba siempre dispuesto a enseñarme cosas nuevas. Sin embargo, a medida que pasaba el tiempo, volví a sentirme una extraña. Las cosas no eran como me había imaginado: no fue llegar y sentirme libre, precisamente. Empecé a hacerme preguntas: «¿Quién soy realmente?», «¿qué estoy buscando?», «¿qué es lo que quiero?». Ahora me doy cuenta de que estaba en permanente lucha interna. Quería liberarme, pero ¿de qué, exactamente?

Entender la cultura inglesa también me resultó difícil, porque de repente debía manejarme en otro idioma, y con otra gestualidad, a menudo incomprensible para mí. Por ejemplo, en Irán miras a los ojos a las personas cuando les hablas, mientras que en Inglaterra esto puede parecer una grosería o una invasión del espacio personal del otro. Estos códigos de conducta tan diferentes me confundieron mucho al principio. Poco a poco, empecé a encontrar mi camino. Llegué a la conclusión de que quería estudiar arte y tuve que persuadir de ello a mis padres. Cuando se convencieron de que iba en serio, me dieron todo su apoyo.

Mis padres me enviaban dinero para pagar mis estudios, pero un año después estalló la guerra entre Irán e Irak. La inflación se disparó y nuestra divisa perdió mucho valor. De repente, las libras costaban diez veces más. Era como si mis gastos mensuales se hubiesen multiplicado por diez. Recuerdo que mi padre tenía una hermosa colección de antiguos libros manuscritos que tuvo que vender para pagar mis estudios. Yo estuve sin dinero muchas veces, pero nunca lo supieron. No quería que se preocupasen por mí. En un momento dado les dije: «Escuchad, no necesito más dinero. Me he puesto a trabajar y estoy ganando lo suficiente». Era joven y podía arreglármelas. Fue difícil, pero a esa edad las cosas se ven de otra manera. No recuerdo haberlo pasado mal por no tener dinero, no resultó tan problemático. Me incomodaban mucho más los altibajos emocionales que me generaba la situación de mi país, que me hacía sentir vulnerable y angustiada por mi familia y mis amigos. Pero de un modo u otro, la vida seguía siendo muy atractiva por todo lo que ocurría a mi alrededor. Estaba aprendiendo a observarme a mí misma y a mi entorno, y la vida florecía y seguía su camino.

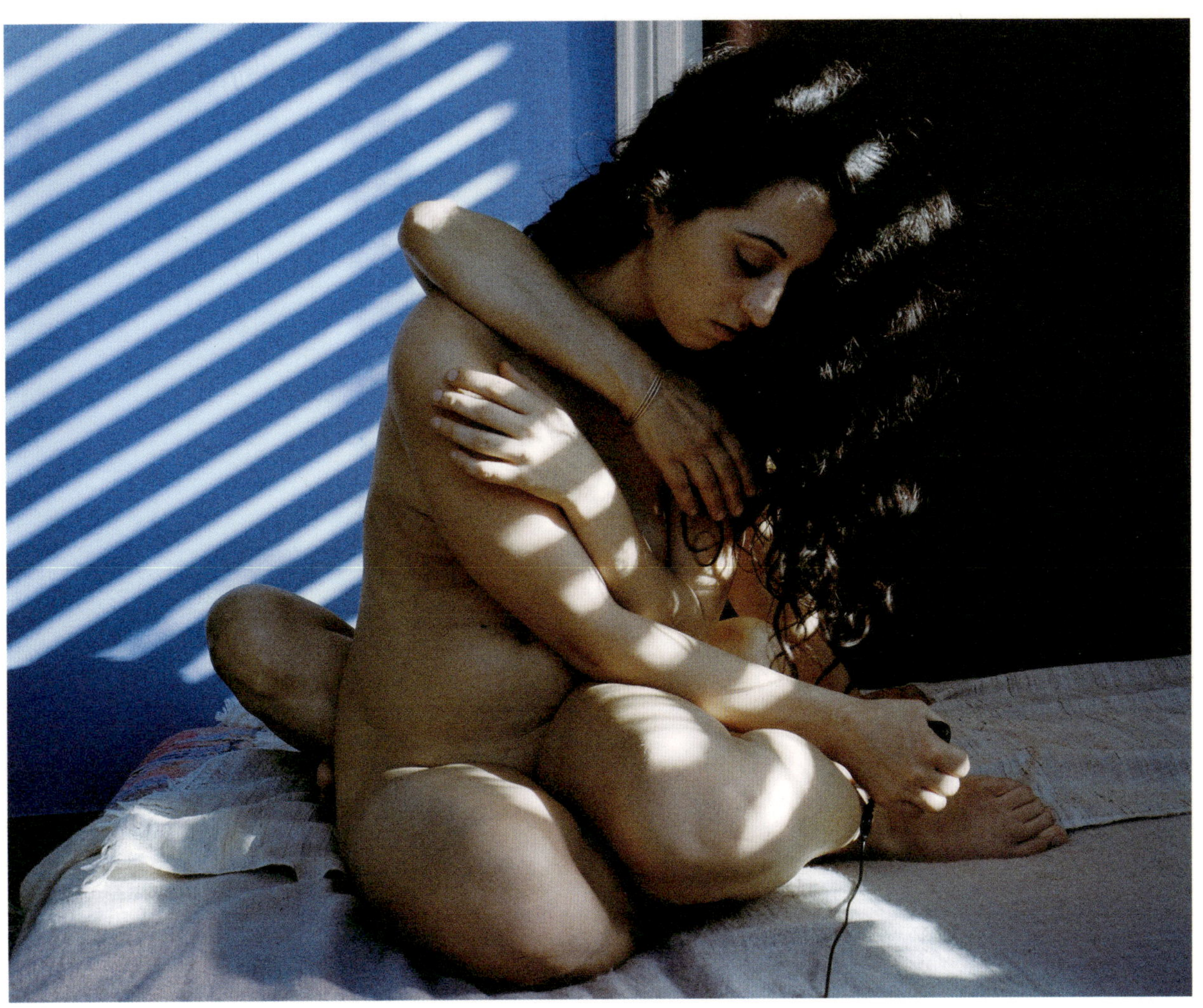

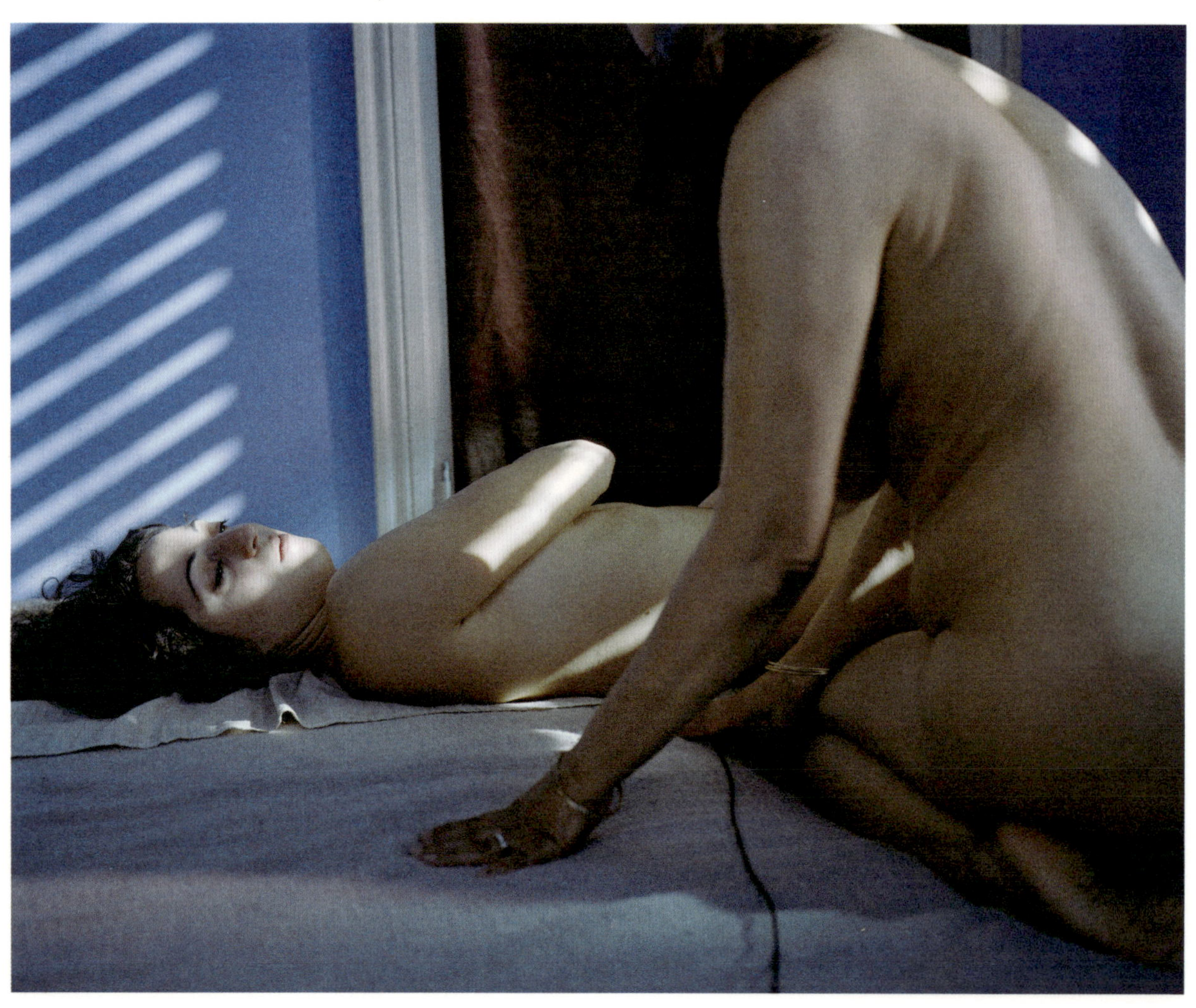

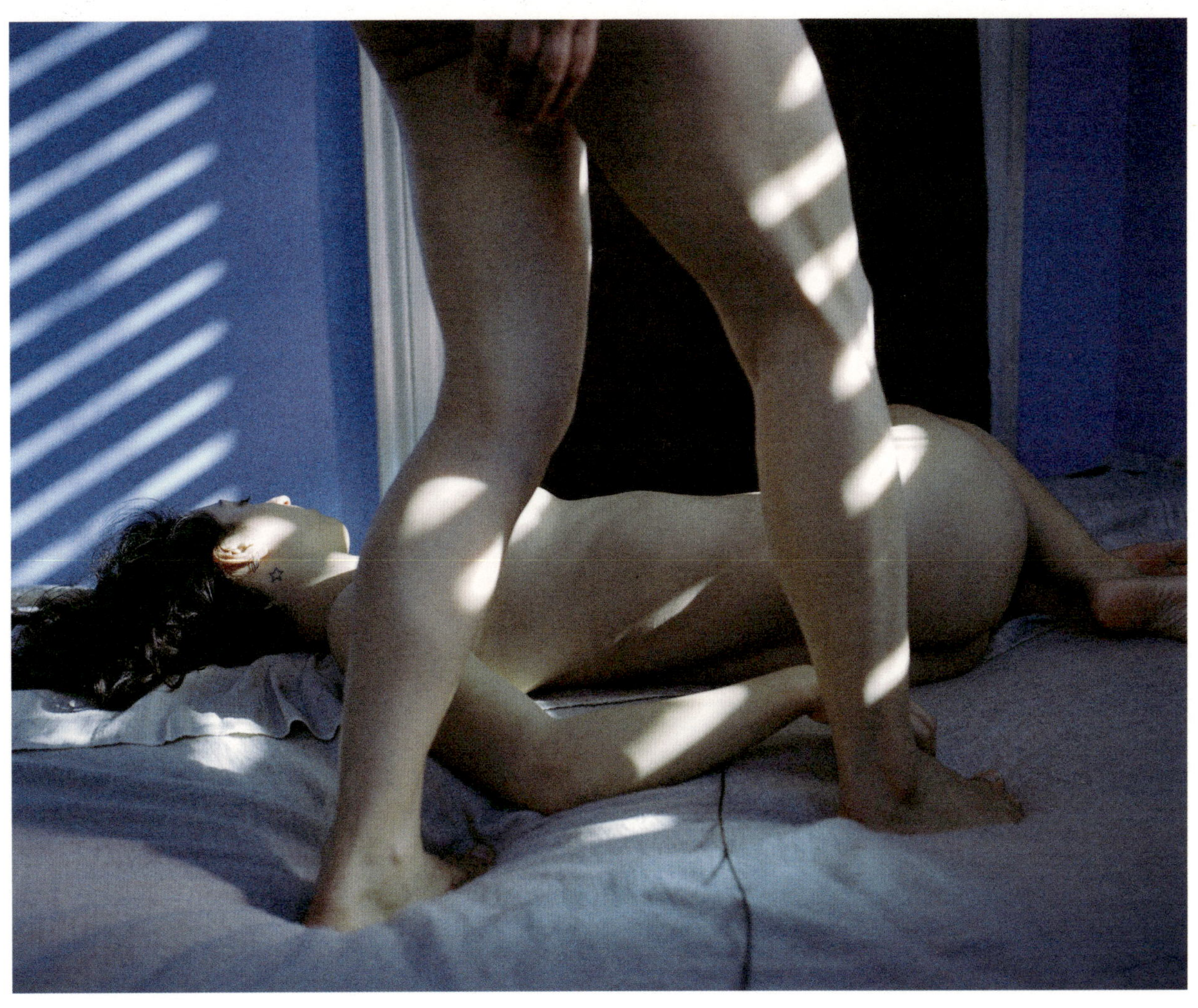

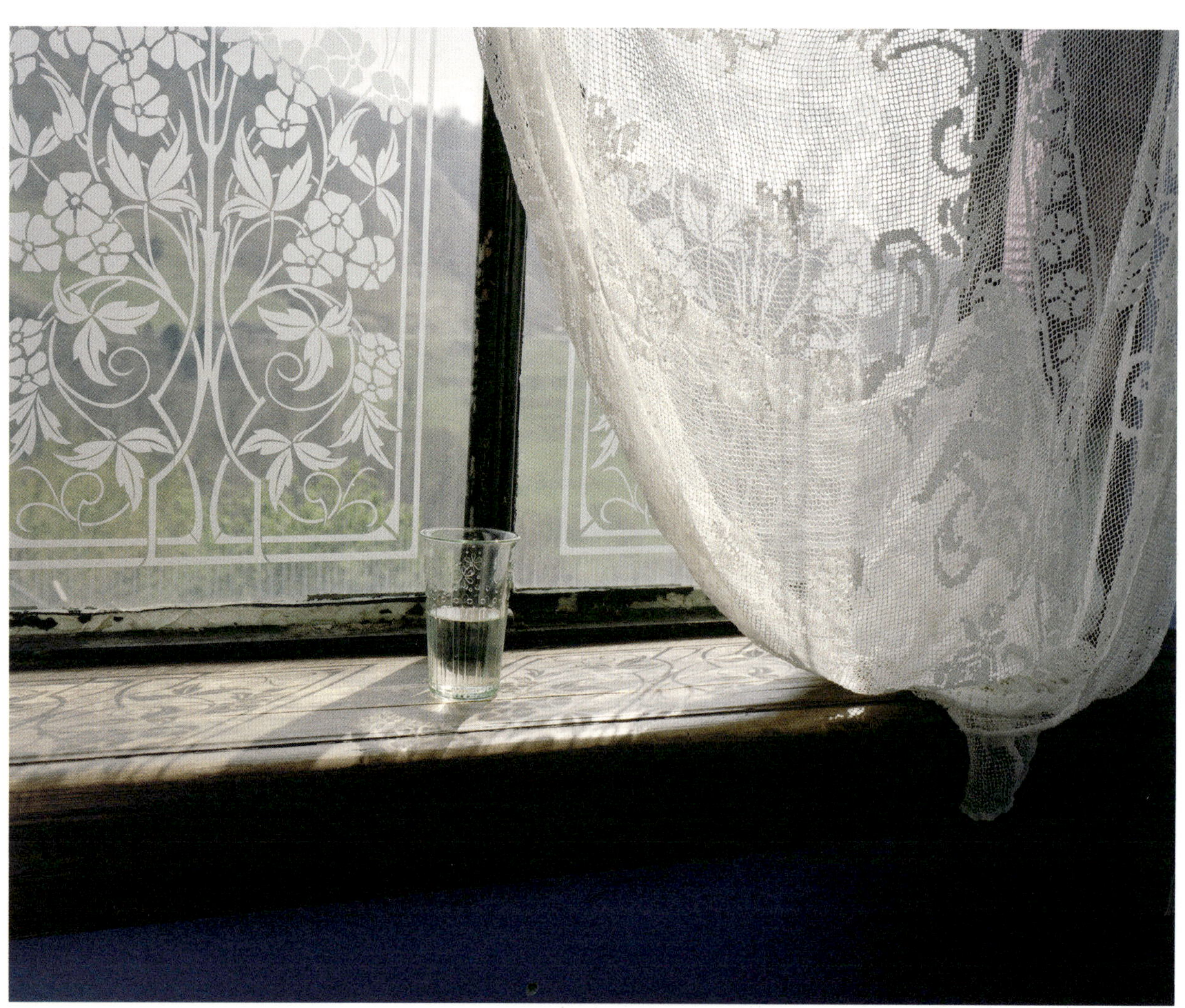

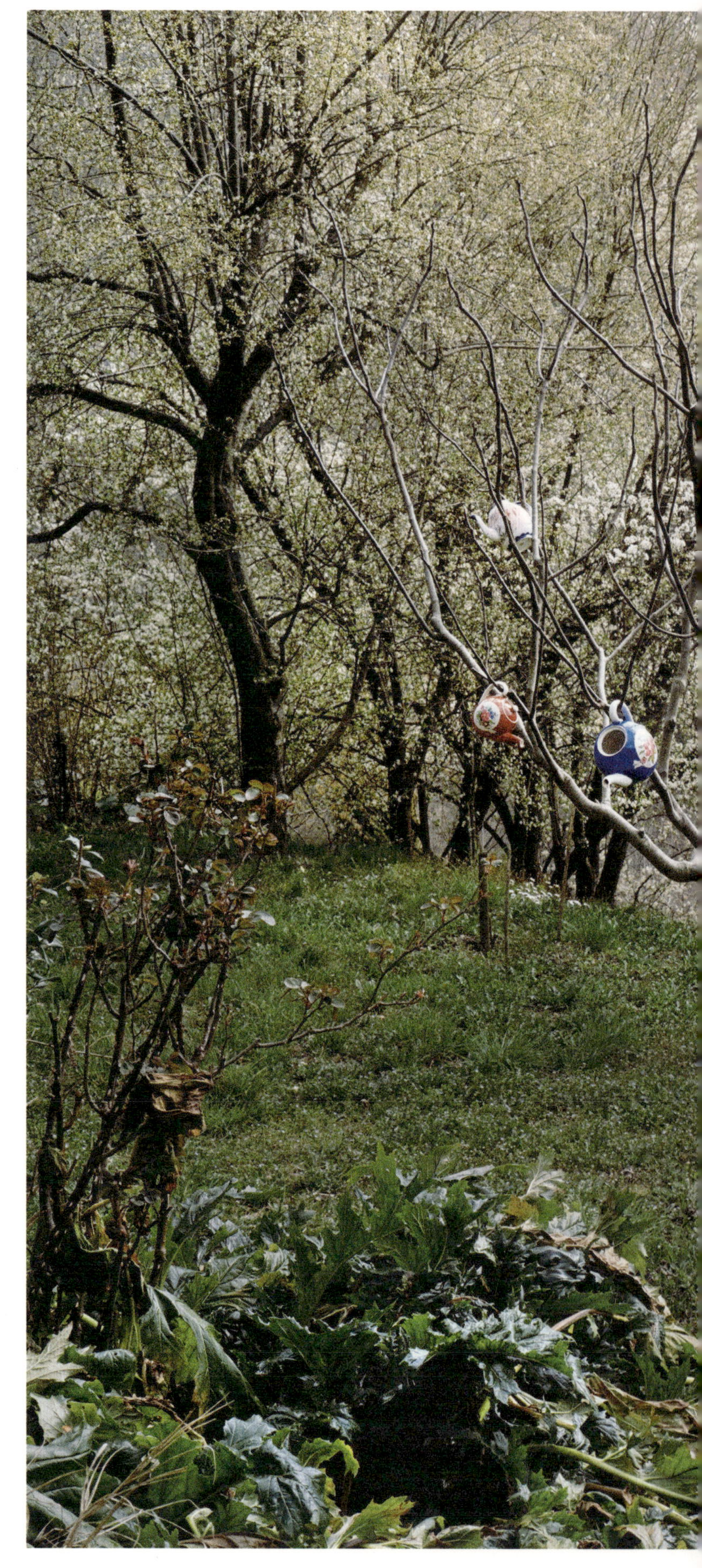

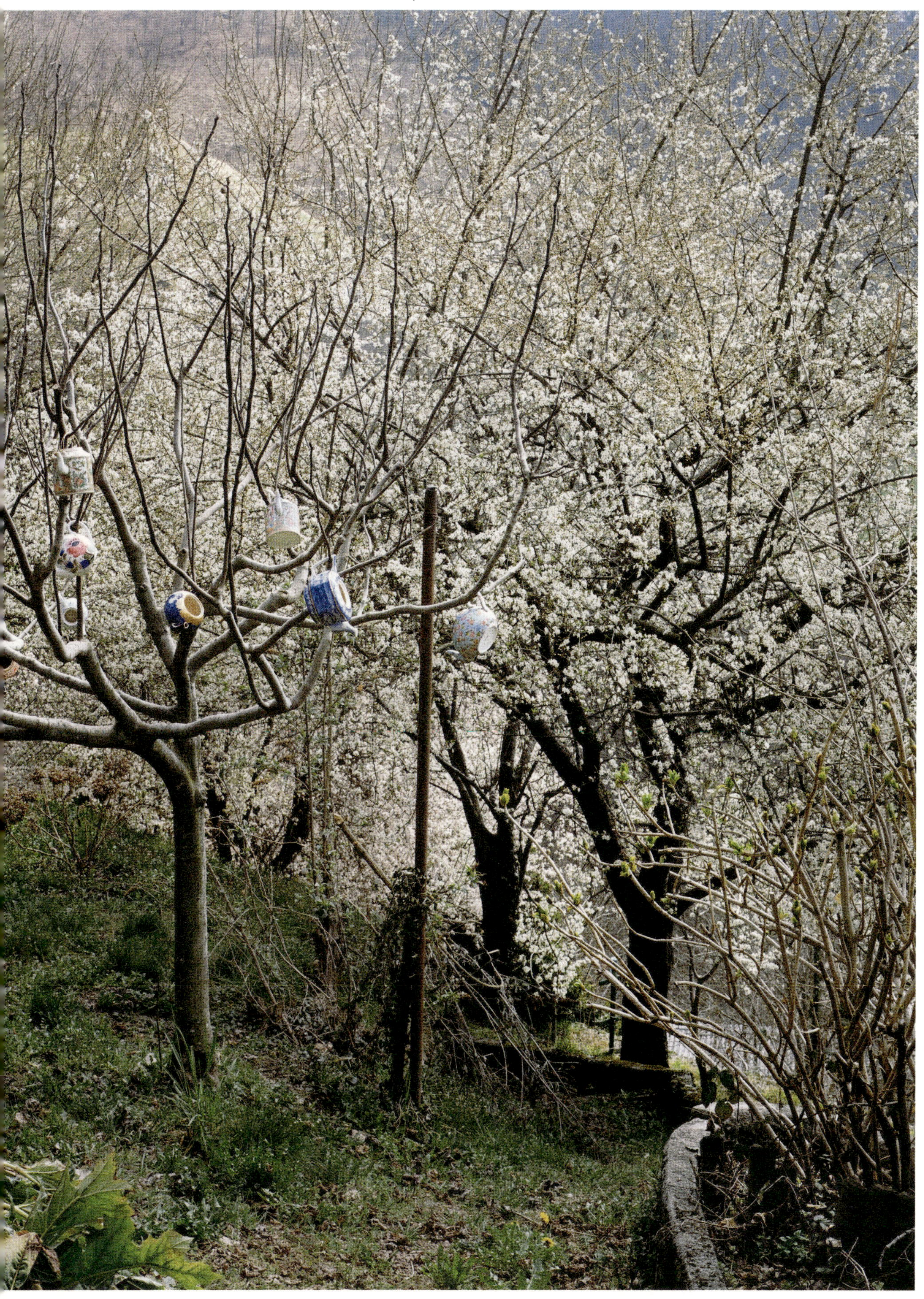

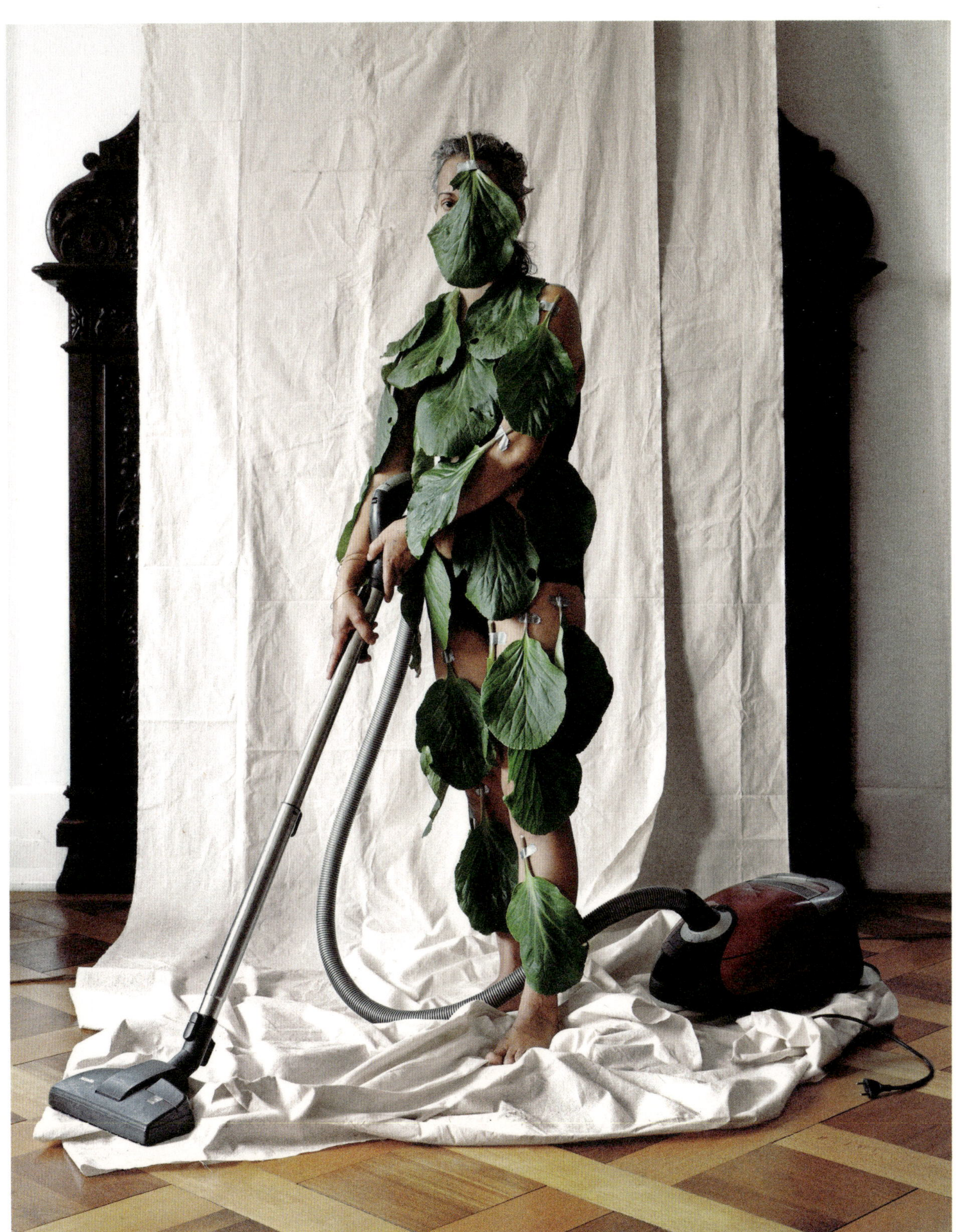

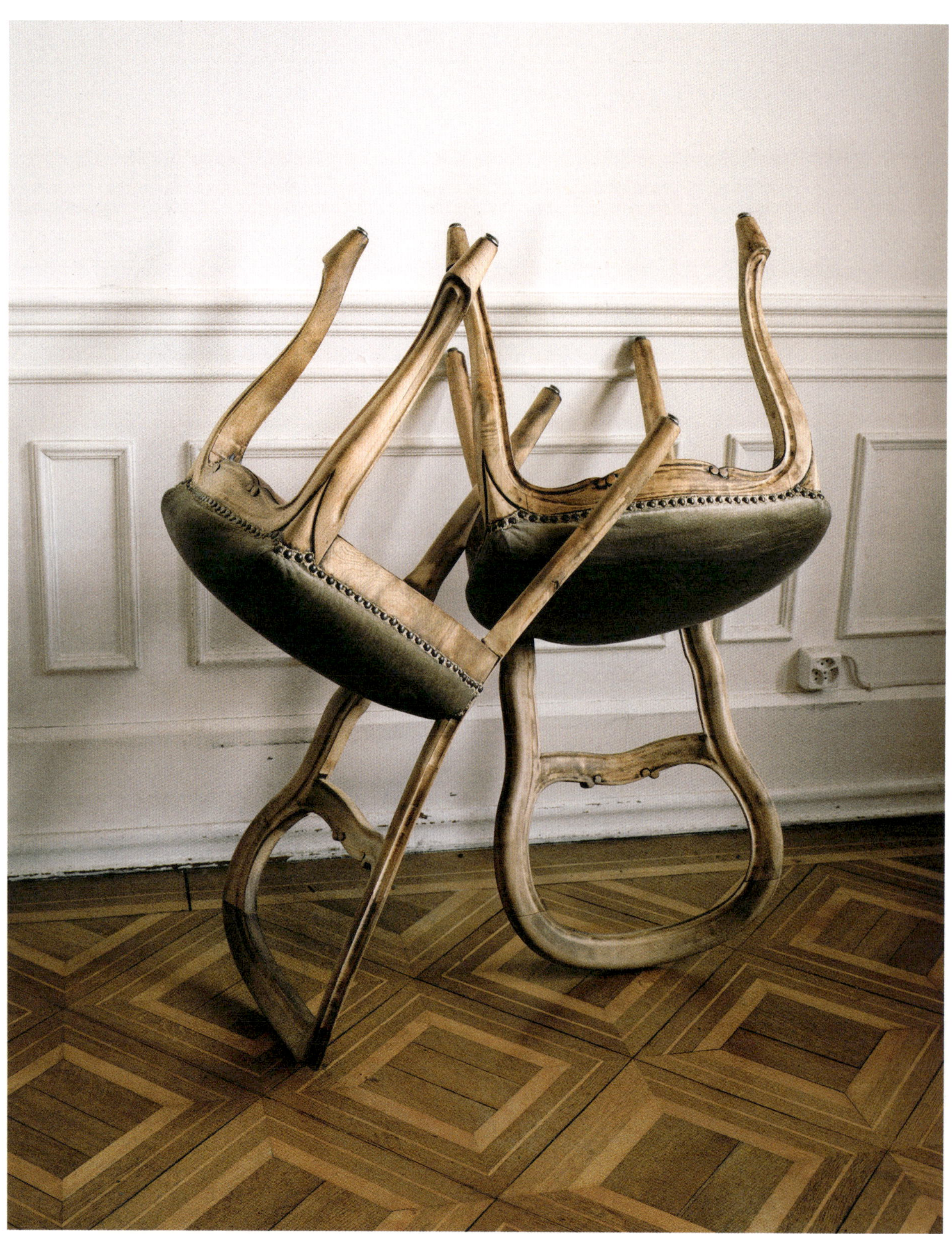

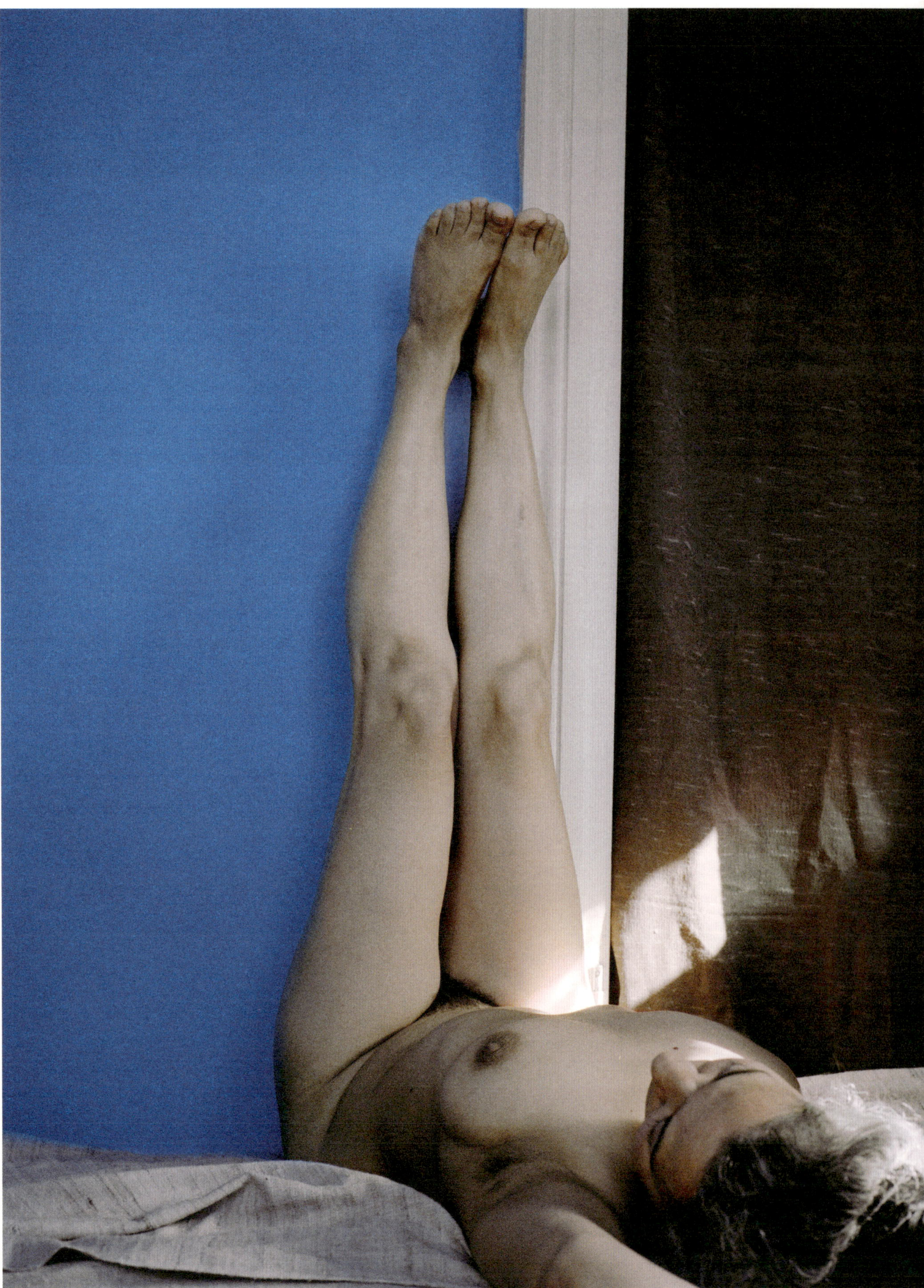

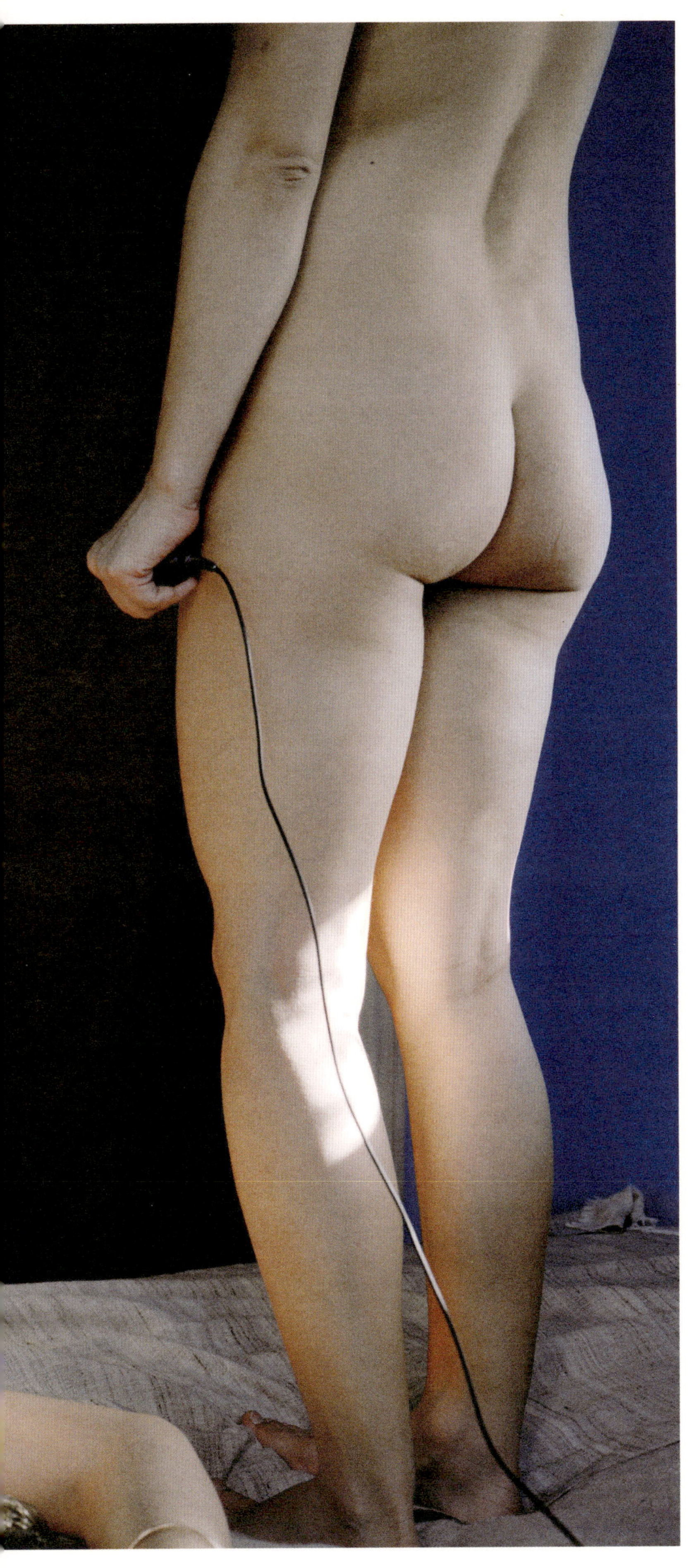

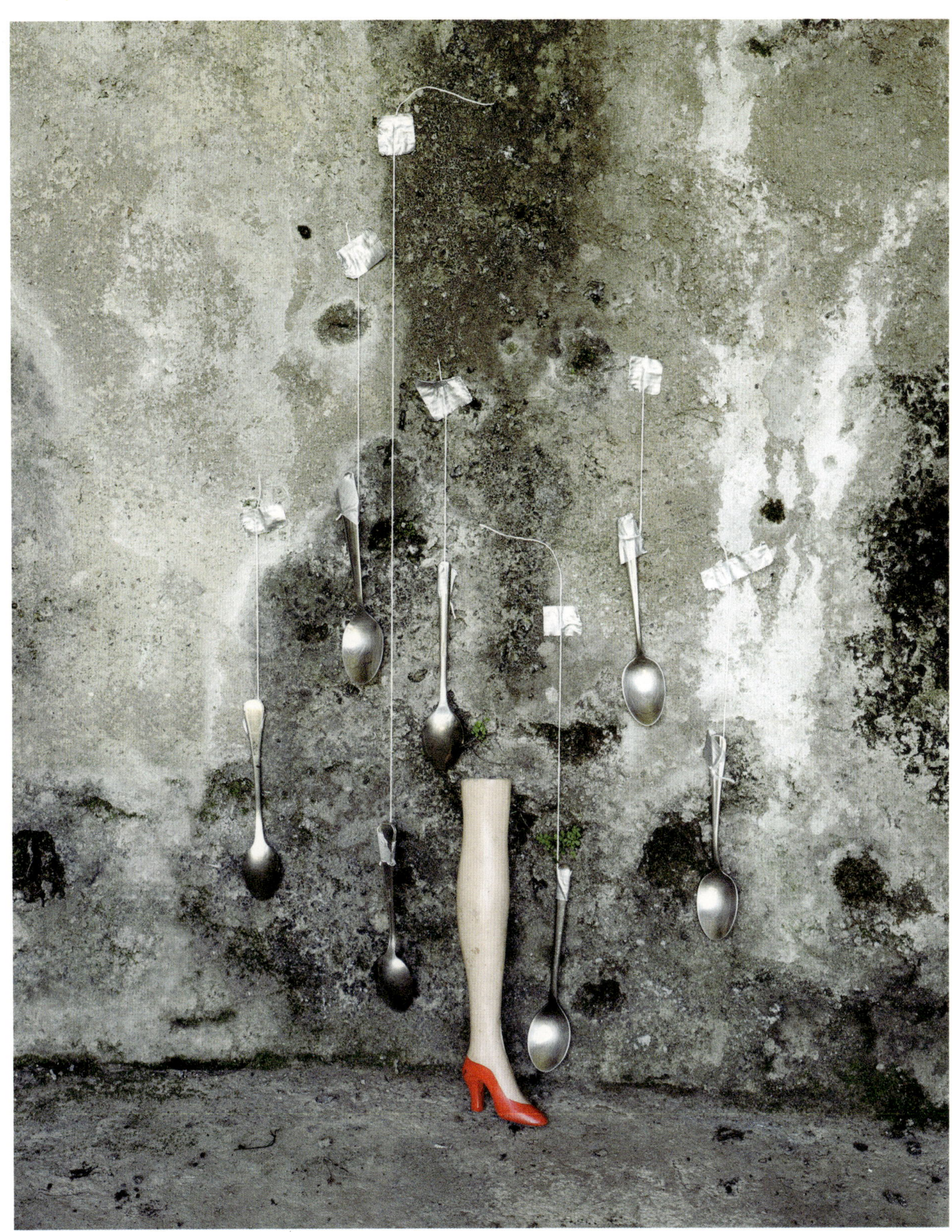

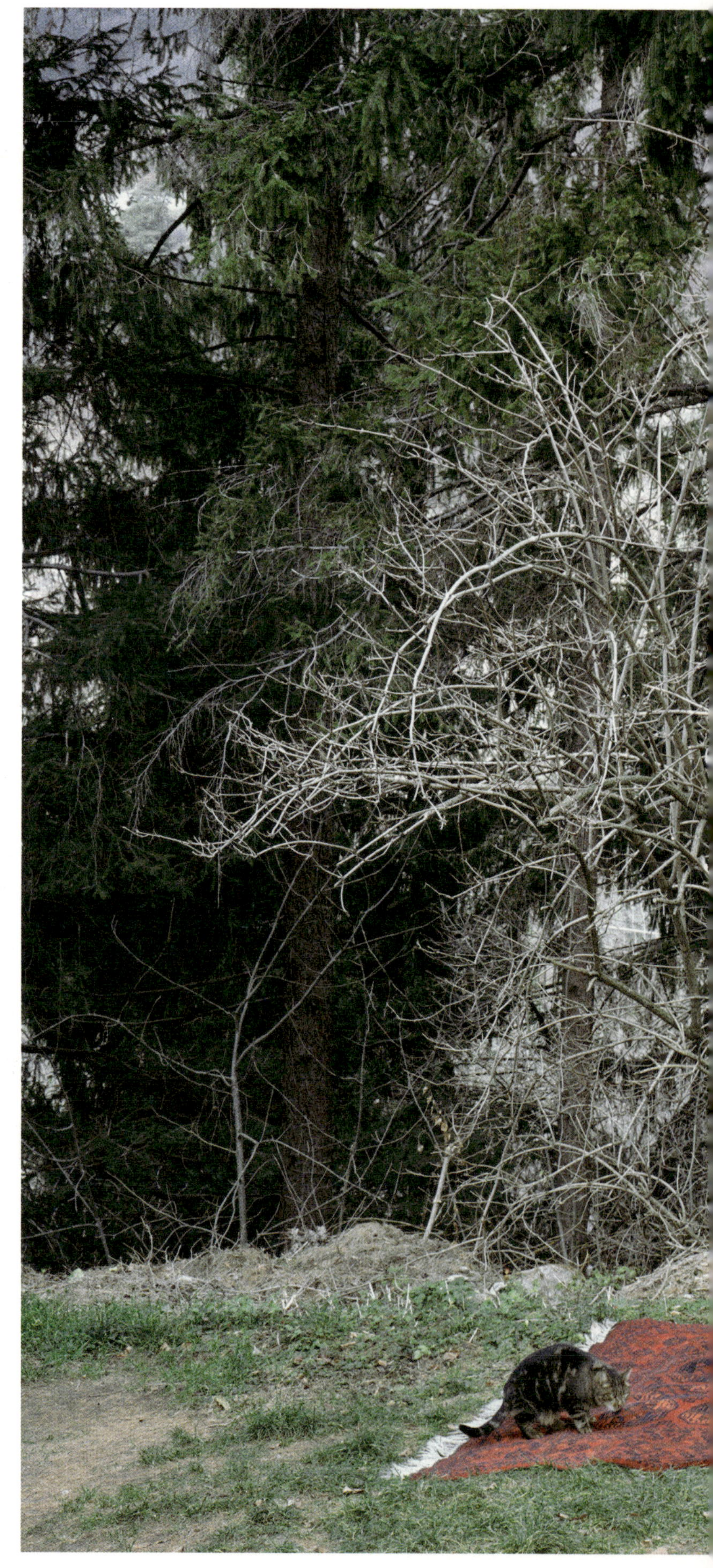

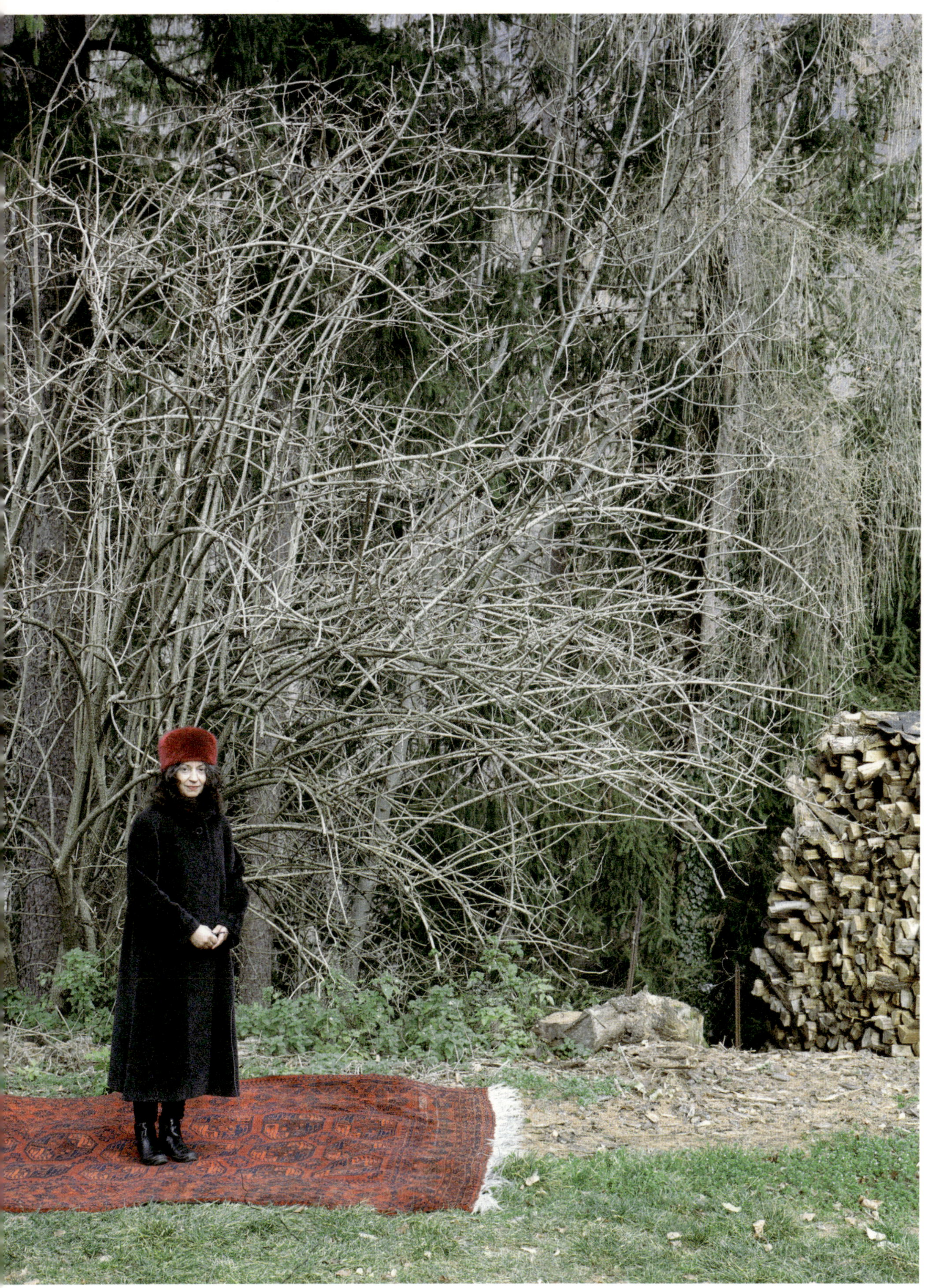

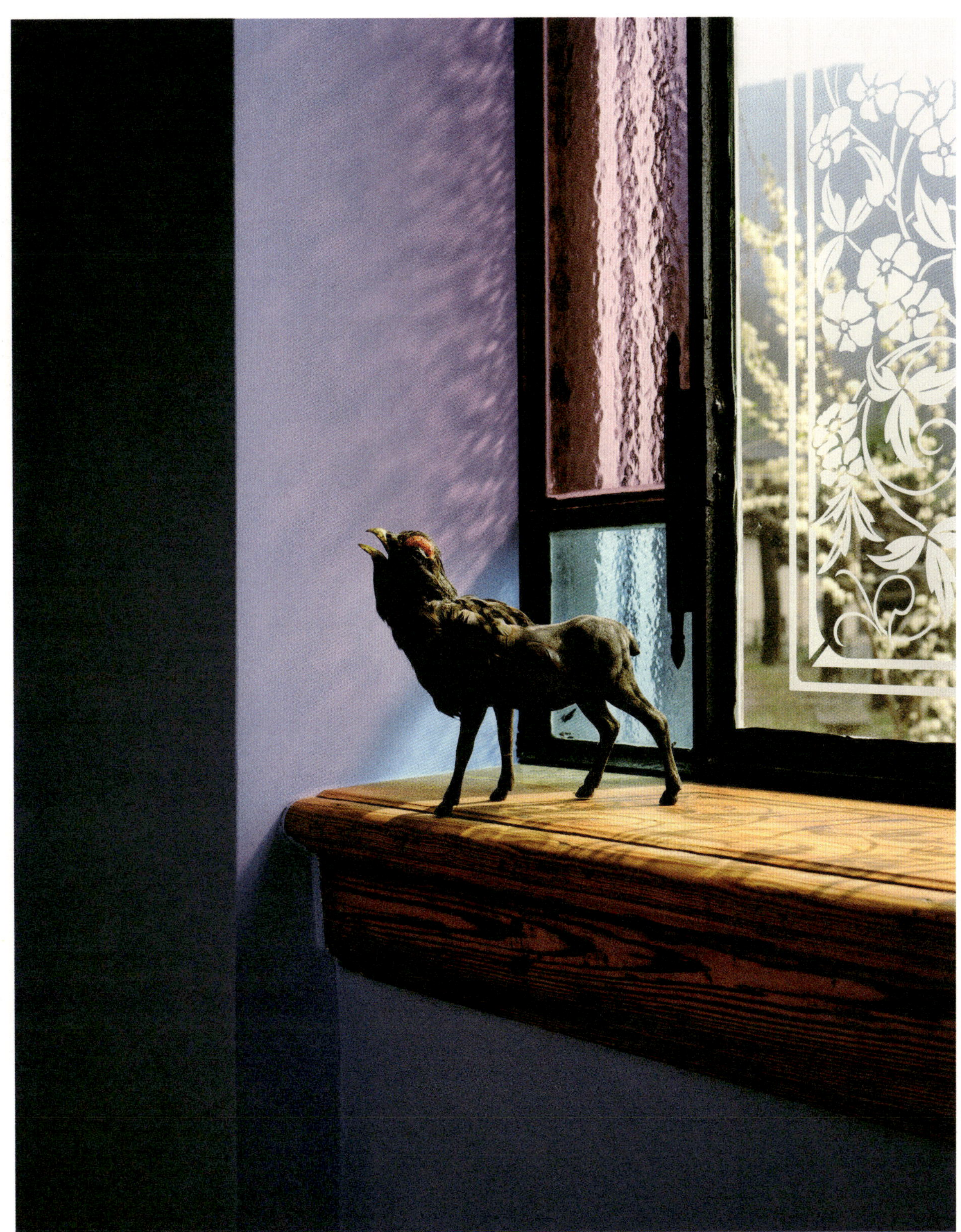

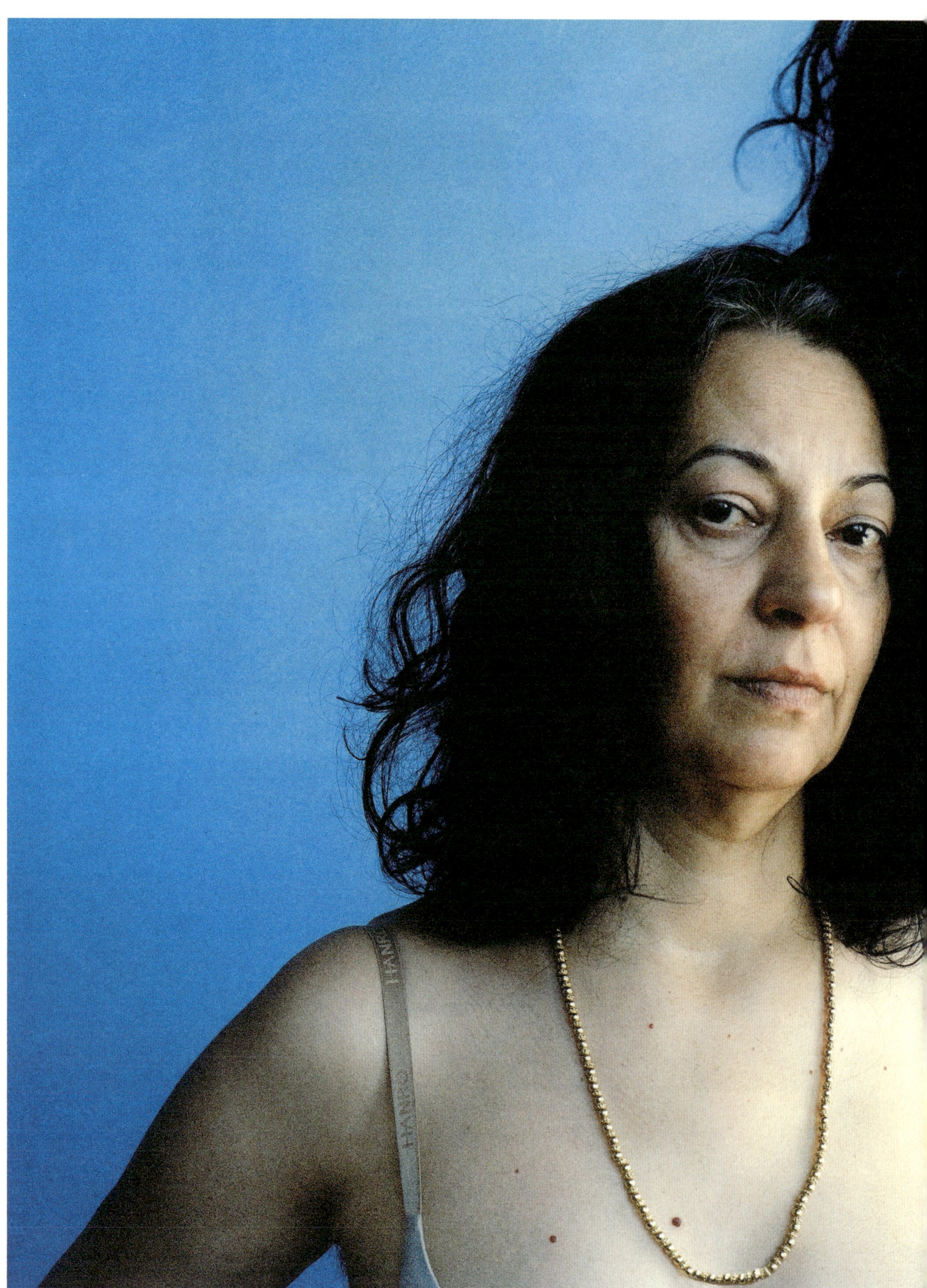

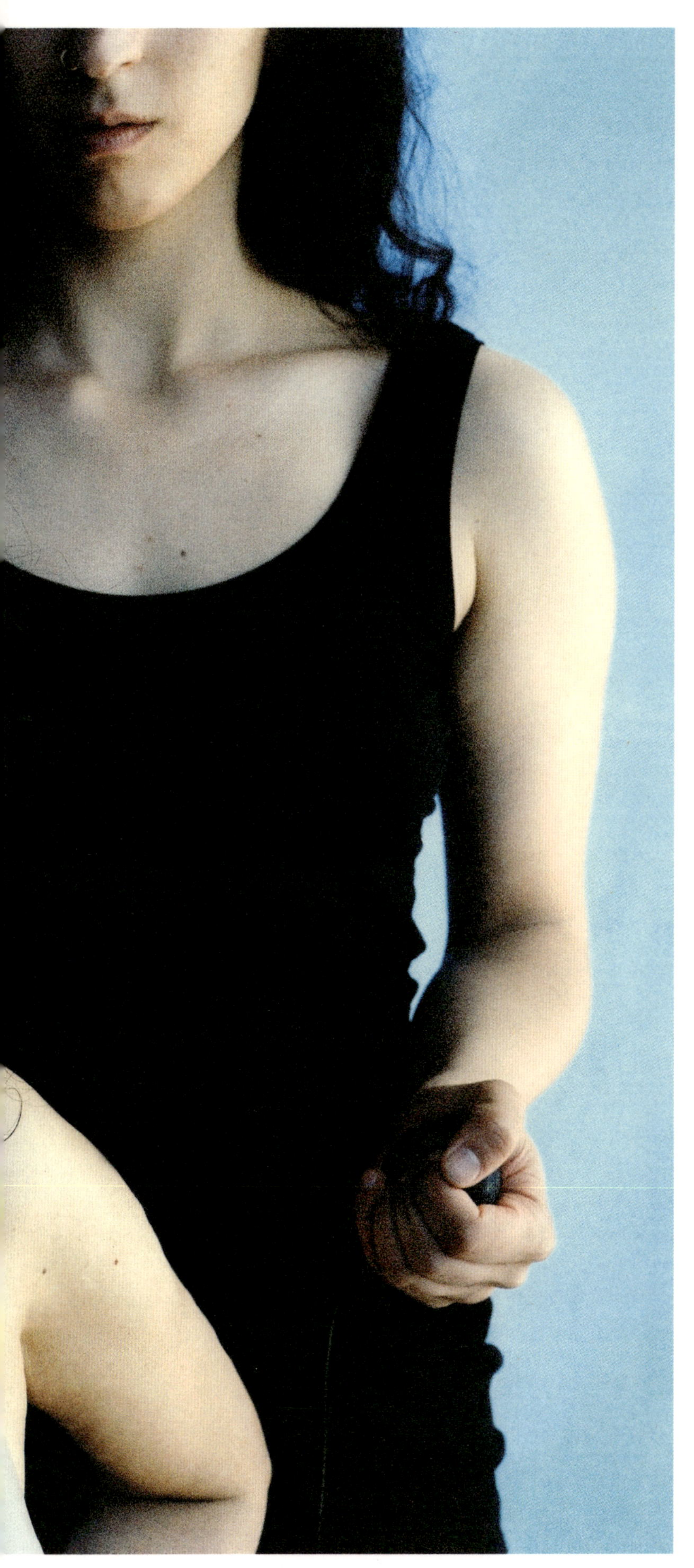

Esta obra es una exploración visual sobre
la relación que mantenemos mi madre y yo,
ambientada en nuestra casa familiar del sur
de Suiza.

Mi madre es una artista iraní. Vivió una
infancia solitaria en Teherán, un estado de
aislamiento que de algún modo ha replicado
en su vida adulta.

Yo crecí en Suiza y la cultura iraní ha llegado
a mí como un eco distante.

Esta obra presenta Villa Argentina como
escenario del universo lírico de mi madre y
como telón de fondo para las escenografías
que he imaginado y fotografiado.

En esta *solitude à deux*, la obra trata de
ahondar en temas como lo doméstico y la
inmigración, y su relación con la feminidad.

This work is a visual exploration of the
relationship I have with my mother, set in
our family house in the South of Switzerland.

My mother is an Iranian artist. She spent
her childhood in Tehran as a secluded child,
a condition of isolation which she somehow
replicated in her adult life.

As I grew up in Switzerland, Iranian
culture comes to me as a distant echo.

The work represents the house of Villa
Argentina as a stage for my mother's poetic
universe and a backdrop for the mises-en-
scènes I concieved and photographed.

In this *solitude à deux*, the work attempts to
explore issues of domesticity, migration and
the relationship to feminity.

This book is the winning project of
the first edition of the Book Dummy
Award, organized by La Fábrica and
Photo London, with the collaboration of
the British Journal of Photography and
Brizzolis.

Este libro recoge el trabajo ganador
de la primera edición del Book Dumm
y Award organizado por La Fábrica y
Photo London, en colaboración con
British Journal of Photography y Brizzolis.

Publisher. Edición
La Fábrica

Photographs. Fotografías
Arunà Canevascini

Graphic designer. Diseño gráfico
underbau

Diseño original. Original designer
Sylvain Esposito

Translations. Traducción
Miguel Marqués
Art in Translation

Pre-press. Preimpresión
Lucam

Printing. Impresión
Brizzolis

Binding. Encuadernación
Ramos

The typefaces used in this book are
Superior and Granjon and it has been
printed on 150-gram Arcoprint Milk
paper, except for the sheet of texts, printed
on 135-gram Vellum White paper.

La tipografías utilizadas en este libro
son la Superior y la Granjon, y ha sido
impreso en papel Arcoprint Milk de
150 gr., a excepción del pliego de textos,
impreso en Vellum White de 135 gr.

© this edition / de esta edición:
La Fábrica, 2018
© photographs / de las fotografías:
Arunà Canevascini / ECAL
© texts / de los textos:
Arunà Canevascini

ISBN
978-84-17048-65-5

Legal Deposit. Depósito Legal
M-8403-2018

LA FABRICA

President.
Presidente
Alberto Anaut

Managing Director.
Director General
Álvaro Matías

Editorial Content Manager.
Directora Editorial
Camino Brasa

Publishing Development Manager.
Director de Desarrollo Editorial
César Martínez-Useros

Coordinator. Coordinación
Bárbara Adrados

Production Manager.
Director de Producción
Rufino Díaz

Distribution Manager.
Director de Distribución
Raúl Muñoz

La Fábrica
Verónica, 13
28014 Madrid
T. +34 91 360 13 20
edicion@lafabrica.com
www.lafabrica.com

Thanks to my mother who has inspired
me so much and for the trust she has
shown in me. I would also like to thank
the rest of my family, Amito, Blaise,
Dorothee, Giotto and Olmo for having
supported me in this project.

Many thanks as well to Vicky Althaus,
Zoé Aubry, Helena Blaker, Laurence
Bonvin, Nicolas Canepa, Lynn Ojalvo,
Sylvain Esposito, Matthieu Gafsou, Elsa
Guillet, Philippe Jarrigeon, Milo Keller,
Dilan Kilic, Margaux Kissling, Clément
Lambelet, Nicolas Polli, Marco Poloni,
Josephine Privat, Lucile Quéré and
Joël Vacheron.

Gracias a mi madre, que tanto me ha
inspirado y confiado en mí. Y gracias
también al resto de mi familia, Amito,
Blaise, Dorothée, Giotto y Olmo, por
haberme mostrado su apoyo en
este proyecto.

Muchas gracias también a Vicky
Althaus, Zoé Aubry, Helena Blaker,
Laurence Bonvin, Nicolas Canepa,
Lynn Ojalvo, Sylvain Esposito, Matthieu
Gafsou, Elsa Guillet, Philippe Jarrigeon,
Milo Keller, Dilan Kilic, Margaux
Kissling, Clément Lambelet, Nicolas
Polli, Marco Poloni, Josephine Privat,
Lucile Quéré y Joël Vacheron.

PHOTO LONDON　**British Journal of Photography**

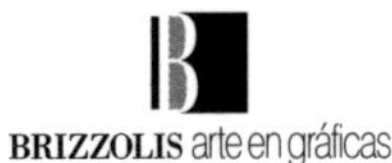